ПИКОВАЯ ДАМА

차 례

서문 ◆ 005

ПИКОВАЯ ДАМА ◆ 015

스페이드 여왕 ◆ 113

주석 ◆ 171

단어 ◆ 177

ПИКОВАЯ ДАМА

서문

Александр Сергеевич Пушкин (6 июня 1799 г., Москва — 10 февраля 1837 г., Петербург, похоронен в Святогорском монастыре в Псковской области), великий русский писатель, поэт и драматург, основатель новой русской литературы. Пушкина считают создателем современного русского литературного языка и ещё при жизни называли первым русским поэтом.

Пушкин родился в дворянской семье и получил образование в Царскосельском лицее, открытом в 1811 году при царской загородной резиденции недалеко от Петербурга. Ещё в лицее юный Пушкин начал публиковать первые стихи. Когда на одном из экзаменов в лицее он читал свои стихи в присутствии Г. Р. Державина, известнейшего русского поэта эпохи классицизма, тот воскликнул в восхищении: «Я не умер. Вот кто заменит меня».

Первая крупная поэма Пушкина «Руслан и Людмила» (1820 г.) была написана по мотивам народных сказок и принесла ему широкую известность. В том же 1820 году за антиправительственные стихи поэта отправили на службу из Петербурга на юг Российской империи, где он находился под постоянным наблюдением полиции.

알렉산드르 세르게예비치 뿌쉬낀(1799.6.6. 모스끄바 – 1837.2.10. 뻬쩨르부르그, 쁘스꼬프 주 스뱌또고르스끄 수도원에 안장)은 위대한 러시아의 작가, 시인, 극작가이자 새로운 러시아 문학의 확립자이다. 뿌쉬낀은 현대 러시아 문어(文語)를 기초했다고 여겨지며, 이미 생전에 '최초의 러시아 시인'이라 불리기도 하였다.

귀족 가문에서 태어난 그는, 1811년 뻬쩨르부르그 근교의 황궁 내에 개교한 짜르스꼬예 셀로 귀족 학교에서 수학하였다. 젊은 뿌쉬낀은 이미 귀족 학교에서 최초의 시 작품들을 발표하기 시작했다. 귀족 학교의 한 시험에서, 가장 유명한 러시아 고전주의 시인인 제르좌빈이 참석한 가운데 뿌쉬낀이 자신의 시를 읽었을 때, 제르좌빈은 감탄하여 "나는 죽지 않을 것이다. 여기 나를 대신할 자가 있다."고 외쳤다.

러시아 전래동화의 내용에 따라 쓴 최초의 장편 서사시 '루슬란과 류드밀라'(1820)로 인해 뿌쉬낀은 널리 유명해지게 되었다. 같은 해인 1820년에 시인은 반정부적인 내용의 시로 인해 뻬쩨르부르그에서 러시아 남부로 근무지를 옮기게 되었고, 그곳에서 경찰의 지속적인 감시를 받게 되었다.

За четыре года, проведённые в Кишинёве, Одессе, на Кавказе и в Крыму, Пушкин создал блистательные романтические поэмы «Бахчисарайский фонтан» и «Кавказский пленник». За южной ссылкой последовала ссылка в Михайловское, небольшую деревню Псковской губернии, в родительское имение, где были написаны трагедия на сюжет русской истории «Борис Годунов», некоторые главы «Евгения Онегина» и бессмертный шедевр русской любовной лирики «Я помню чудное мгновенье». По возвращении из ссылки поэт живёт в Москве и Петербурге. Выходят в свет его зрелые прозаические и драматические произведения: «Маленькие трагедии», «Повести Белкина», «Пиковая дама» (1833–34 гг.) — и многочисленные лирические стихотворения. В 1831 году публикуется роман в стихах «Евгений Онегин», названный критикой «энциклопедией русской жизни». В тридцатые годы Пушкин серьёзно увлекается русской историей и пишет «Историю Пугачёва» и «Капитанскую дочку» о крестьянской войне эпохи Екатерины Второй. Конфликт личности и государства становится центральной темой поздних произведений Пушкина (роман «Дубровский», поэма «Медный всадник»).

　끼쉬뇨프, 오데사, 깝까즈와 크림반도에서 보낸 4년 동안 뿌쉬낀은 뛰어난 낭만주의 서사시 '바흐치사라이의 분수'와 '깝까즈의 포로'를 썼다. 뿌쉬낀은 남부 지방으로의 유배에 뒤이어 쁘스꼬프 지방의 작은 마을이자 부모님의 소유지인 미하일롭스꼬예로 유배를 가게 되었으며, 이곳에서 러시아 역사의 사건에 기초한 비극 '보리스 고두노프', '예브게니 오네긴'의 몇몇 장과 러시아 연애시의 불멸의 걸작인 '나는 기적과 같은 순간을 기억하오'가 집필되었다. 유배에서 돌아온 후 시인은 모스끄바와 뻬쩨르부르그에 거주하였다. '작은 비극들', '벨낀 이야기', '스페이드의 여왕'(1833-34년)과 같은 원숙한 산문과 드라마 작품들 및 다수의 서정시가 발표되었다. 1831년에는 비평가들이 '러시아적 삶의 백과사전'이라고 일컫은 운문 소설 '예브게니 오네긴'이 출판되었다. 30년대에 뿌쉬낀은 러시아 역사에 깊은 관심을 갖고 예까쩨리나 2세 시대의 농민반란에 대한 '뿌가초프 사'와 '대위의 딸'을 집필하였다. 개인과 국가의 충돌은 뿌쉬낀 후기작들(소설 '두브롭스끼', 서사시 '청동 기마상')의 중심 테마가 된다.

Жизнь поэта оборвалась очень рано. В 37 лет он погибает от смертельного ранения, полученного на дуэли с приёмным сыном голландского посланника Жоржем Дантесом. Пушкин защищал честь своей жены Натальи Николаевны, первой петербургской красавицы того времени, за которой вызывающе ухаживал Дантес. История этой дуэли до сих пор привлекает к себе внимание своей трагичностью и некоторой неразгаданностью.

Уже в первых газетных некрологах о Пушкине писали как о «солнце русской поэзии». Этим словам суждено было стать бессмертными.

В России творчество Пушкина считается вершиной русской культуры. В своих произведениях он объединил разные стилистические пласты русского языка, синтезировал разные стили, освободил язык литературы от искусственных запретов и канонов и создал таким образом современный литературный русский язык.

    시인의 삶은 너무 일찍 끝났다. 그는 네덜란드 공사의 양자인 조르주 단테스와의 결투에서 입은 치명상으로 37세의 나이에 운명한다. 뿌쉬낀은 당시 뻬쩨르부르그 최고의 미인이었던, 단테스가 매우 뻔뻔스러운 방식으로 구애한 자신의 아내 나딸리야 니꼴라예브나의 명예를 지키려 하였다. 이 결투의 이야기는 그 비극성과 몇몇 해명되지 않은 부분으로 인해 지금까지도 관심을 끌고 있다.

    이미 최초의 사망 기사들에서 뿌쉬낀은 '러시아 시문학의 태양'이라 일컬어졌다. 이는 불멸의 표현이 되었다.

    러시아에서 뿌쉬낀은 러시아 문화의 한 절정으로 여겨진다. 그는 자신의 작품에서 다양한 문체의 층들을 결합하고, 다양한 문체를 통합하였으며, 문학의 언어를 부자연스러운 규제와 원칙에서 해방하였고, 그렇게 하여 현대 러시아 문어를 창조하였다.

Слова поэта Ф. И. Тютчева, обращённые к великому гению русской поэзии: «Тебя ж, как первую любовь, / России сердце не забудет», нашли подтверждение во многих фактах. В огромной галактике существует малая планета Пушкин. Институт русской литературы Российской академии наук называется Пушкинский дом. Именем Пушкина названы улицы и площади многих городов России. В России работает много музеев, посвящённых памяти поэта. По пушкинским произведениям созданы оперы знаменитых русских композиторов М. И. Глинки, М. П. Мусоргского, Н. А. Римского-Корсакова и П. И. Чайковского. О Пушкине и по его произведениям снято множество фильмов. Многие его стихотворные строчки стали известными афоризмами и до сих пор часто повторяются в устной речи, в названиях журнальных и газетных статей.

　러시아 시의 위대한 천재를 향한 시인 쮸체프의 말 '당신을, 마치 첫 사랑처럼 / 러시아의 심장은 잊지 않을 것이다'를 많은 사실들이 확인해 준다. 거대한 은하계 안에 뿌쉬낀이라는 작은 행성이 존재한다. 러시아 학술원 산하 러시아 문학연구소는 '뿌쉬낀의 집'이라 불리고 있다. 러시아 도시의 많은 거리와 광장들은 뿌쉬낀이라는 이름으로 명명되었다. 러시아에는 시인을 기념하기 위한 많은 박물관들이 있다. 글린까, 무소르그스끼, 림스끼-꼬르사꼬프, 차이꼽스끼와 같은 유명한 러시아의 작곡가들이 뿌쉬낀의 작품을 오페라로 작곡하였다. 뿌쉬낀과 그의 작품에 대한 다수의 영화가 촬영되었다. 다수의 그의 시구가 잘 알려진 명언이 되었고, 지금까지 사람들의 일상 대화와 신문, 잡지의 기사 제목에서 자주 반복되고 있다.

ПИКОВАЯ ДАМА

원문

> Пиковая дама означает
> тайную недоброжелательность.
> *Новейшая гадательная[1] книга*

I

Однажды играли в карты у офицера Нарумова. Долгая зимняя ночь прошла незаметно; сели ужинать в пятом часу утра. Те, которые остались в выигрыше, ели с большим аппетитом; остальные, в рассеянности, сидели перед своими пустыми тарелками. Но принесли шампанское, разговор оживился, и все приняли в нём участие.

— Как дела, Сурин? — спросил хозяин.

— Проиграл, как обычно. Надо сказать, что я несчастлив: играю, не рискуя, никогда не горячусь, ничем меня с толку не собьёшь[2], а всё время проигрываю!

— И ты ни разу не рисковал в игре?.. Твоя твёрдость мне кажется удивительной.

— А каков Германн[3]! — сказал один из гостей, показывая на молодого инженера, — никогда в жизни не брал он карты в руки, а до пяти часов сидит с нами и смотрит на нашу игру!

— Игра увлекает меня сильно, — сказал Германн, — но я не могу жертвовать необходимым в надежде получить излишнее.

— Германн немец: он расчётлив[4], вот и всё! — заметил Томский. — А если кто для меня непонятен, так это моя бабушка, графиня Анна Федотовна.

— Как? Что? — закричали гости.

— Не могу понять, — продолжал Томский, — почему бабушка моя не играет в карты!

— Да что ж тут удивительного, — сказал Нарумов, — если восьмидесятилетняя старуха не играет в карты?

— Так вы ничего про неё не знаете?

— Нет! конечно, ничего!

— О, так послушайте.

Надо знать, что бабушка моя, лет шестьдесят тому назад, ездила в Париж и была там в большой моде. Народ бегал за нею, чтоб увидеть la Vénus moscovite[5]; Ришелье[6] за ней ухаживал, и бабушка говорит, что он чуть было не покончил с собой[7] из-за её жестокости.

В то время дамы увлекались карточной игрой. Однажды при дворе она проиграла герцогу Орлеанскому

о́чень мно́го де́нег. Прие́хав домо́й, ба́бушка, раздева́ясь, объяви́ла де́душке о своём про́игрыше и приказа́ла заплати́ть.

Поко́йный де́душка, наско́лько я по́мню, во всём слу́шался ба́бушку. Он её боя́лся, как огня́; одна́ко, услы́шав о тако́м ужа́сном про́игрыше, он вы́шел из себя́[8], принёс счета́, доказа́л ей, что за полго́да они́ потра́тили полмиллио́на, что под Пари́жем нет у них ни подмоско́вной, ни сара́товской дере́вни, и совсе́м отказа́лся плати́ть. Ба́бушка рассерди́лась и легла́ спать одна́.

На друго́й день она́ потре́бовала позва́ть му́жа, наде́ясь, что дома́шнее наказа́ние поде́йствовало, но он не измени́л своего́ реше́ния. В пе́рвый раз в жи́зни она́ дошла́ с ним до объясне́ний; ду́мала доказа́ть ему́, что долги́ быва́ют ра́зными и что есть ра́зница ме́жду ге́рцогом и обы́чным челове́ком. — Нет! Де́душку нельзя́ бы́ло убеди́ть. Нет, да и то́лько[9]! Ба́бушка не зна́ла, что де́лать.

С ней был хорошо́ знако́м оди́н о́чень изве́стный челове́к. Вы слы́шали о гра́фе Сен-Жерме́не[10], о кото́ром расска́зывают так мно́го чуде́сного. Вы зна́ете, что он изобража́л из себя́ изобрета́теля филосо́фского ка́мня. Над ним смеялись, а Казанова в своих Записках говорит, что он был шпионом; однако Сен-Жермен, несмотря на свою таинственность, был в обществе человеком очень вежливым. Бабушка до сих пор любит его без памяти[11] и сердится, если говорят о нём с неуважением. Бабушка знала, что у Сен-Жермена могло быть много денег. Она решила обратиться к нему за помощью. Написала ему записку и просила немедленно к ней приехать.

Старый граф явился сразу же и увидел, что бабушка в ужасном горе. Она объяснила, что муж совсем отказался помочь ей, и сказала наконец, что очень надеется на его дружбу и помощь.

Сен-Жермен задумался.

«Я могу вам дать эти деньги, — сказал он, — но знаю, что вы не будете спокойны, пока мне их не вернёте, а я бы не желал, чтобы вы волновались. Есть другая возможность: вы можете отыграться». — «Но, милый граф, — отвечала бабушка, — я говорю вам, что у нас денег совсем нет». — «Деньги тут не нужны, — заметил Сен-Жермен, — прошу вас, слушайте меня внимательно». Тут он открыл ей тайну, за которую каждый из нас дорого бы дал...

Молоды́е игроки́ ста́ли слу́шать ещё внима́тельнее. То́мский закури́л и продолжа́л.

В тот же са́мый ве́чер ба́бушка яви́лась в Версале au jeu de la Reine[12]. Ге́рцог Орлеа́нский игра́л в ка́рты; ба́бушка извини́лась, что не привезла́ своего́ до́лга, и ста́ла про́тив ге́рцога игра́ть. Она́ вы́брала три ка́рты, поста́вила их одну́ за друго́ю: все три вы́играли с пе́рвого ра́за, и ба́бушка отыгра́лась.

— Слу́чай! — сказа́л оди́н из госте́й.

— Ска́зка! — заме́тил Ге́рманн.

— Мо́жет быть, каки́е-то осо́бые ка́рты? — доба́вил тре́тий.

— Не ду́маю, — отвеча́л ва́жно То́мский.

— Как! — сказа́л Нару́мов, — у тебя́ есть ба́бушка, кото́рая уга́дывает три ка́рты подря́д, а ты до сих пор не узна́л у неё э́ту та́йну?

— Да, чёрта с два[13]! — отвеча́л То́мский. — У неё бы́ло че́тверо сынове́й, в том числе́ и мой оте́ц: все игроки́, и ни одному́ не откры́ла она́ свое́й та́йны; хоть э́то бы́ло бы непло́хо для них и да́же для меня́. Но вот что мне расска́зывал дя́дя, граф Ива́н Ильи́ч. Поко́йный Чапли́цкий, тот са́мый, кото́рый у́мер в бе́дности, потеря́в миллио́ны, одна́жды в мо́лодости свое́й проигра́л о́коло трёхсот ты́сяч. Он потеря́л все наде́жды. Ба́бушка, кото́рая всегда́ была́ строга́ к молоды́м лю́дям, ка́к-то сжа́лилась над Чапли́цким. Она́ дала́ ему́ три ка́рты, что́бы он поста́вил их одну́ за друго́ю, и взяла́ с него́ че́стное сло́во бо́льше уже́ никогда́ не игра́ть. Чапли́цкий пришёл к своему́ победи́телю: они́ се́ли игра́ть. Чапли́цкий поста́вил на пе́рвую ка́рту пятьдеся́т ты́сяч и сра́зу вы́играл; поста́вил на сле́дующую ка́рту в два ра́за бо́льше, пото́м в четы́ре ра́за бо́льше, — отыгра́лся и оста́лся ещё в вы́игрыше…

Одна́ко пора́ спать: уже́ без че́тверти шесть.

В са́мом де́ле, уже́ наступа́ло у́тро: молоды́е лю́ди допи́ли своё шампа́нское и разошли́сь.

Задания

Закончите фразы, выбрав правильный ответ.
Проверьте себя по ключу.

1. **После игры в карты офицеры собираются за столом и ... .**
   а) долго обсуждают последний выигрыш
   б) едят с большим аппетитом
   в) с интересом слушают рассказ одного своего товарища

2. **Германн не играл в карты, потому что ... .**
   а) не знал всех правил карточной игры
   б) не интересовался карточными играми
   в) считал, что у него для этого слишком мало денег

3. **Историю о карточной тайне и графине Анне Федотовне рассказывает ... .**
   а) её дальний родственник
   б) её внук
   в) офицер, который вместе с ней бывал при французском дворе

4. **Когда графиня была в Париже при дворе, ...**
   а) многие критиковали её за то, что она изменяла своему мужу
   б) все говорили о её необыкновенной красоте
   в) за ней ухаживал герцог Орлеанский

5. Однажды графиня проиграла очень много денег герцогу Орлеанскому и ... .
   а) решила попросить помощи у своего любовника
   б) сразу рассказала мужу о своём проигрыше
   в) боялась признаться в этом мужу

6. Муж узнал от неё об огромном карточном долге и ... .
   а) отказался платить, потому что у них не было столько денег
   б) поспешил дать ей деньги, потому что очень её боялся
   в) сначала рассердился на неё, но потом помог

7. Графиня решила обратиться за помощью к загадочному графу Сен-Жермену, потому что ... .
   а) ей посоветовали сделать это
   б) он ухаживал за ней и не мог отказать
   в) была близко с ним знакома и знала, что он очень богат

8. Граф Сен-Жермен ... .
   а) не думая, дал ей деньги, потому что не хотел, чтобы она нервничала
   б) дал ей один совет
   в) попросил герцога Орлеанского простить этот карточный долг

9. После встречи с Сен-Жерменом графиня поехала в Версаль и ... .
   а) отыгралась в первый же вечер
   б) заплатила долг
   в) попрощалась со всеми навсегда

10. Тайну трёх карт ... .
    а) графиня никогда никому не рассказывала и со временем забыла
    б) расчётливая графиня берегла для своих внуков
    в) графиня открыла однажды одному несчастному молодому игроку

Ключи
1. б, 2. в, 3. б, 4. б, 5. б, 6. а, 7. в, 8. б, 9. а, 10. в

II

Старая графиня *** сидела дома перед зеркалом. Три девушки стояли вокруг неё и помогали ей собираться и одеваться. Графиня, хотя и понимала, что красоту не вернуть, сохраняла все привычки своей молодости, строго следовала модам семидесятых годов и одевалась так же долго, так же внимательно, как и шестьдесят лет тому назад. У окошка сидела и шила её воспитанница.

— Здравствуйте, grand'maman[14], — сказал, войдя, молодой офицер. — Bon jour, mademoiselle Lise[15]. Grand'maman, я к вам с просьбою.

— Что такое, Paul?

— Позвольте[16] вам представить одного из моих друзей и привезти его к вам в пятницу на бал.

— Привези мне его прямо на бал и сразу мне его и представишь. Был ты вчера у ***?

— Как же! очень было весело; танцевали до пяти часов. Как хороша была Елецкая!

— Ну, мой милый! Что в ней хорошего? Такова ли

была её бабушка, Дарья Петровна?.. Кстати, наверное, она уж очень постарела, Дарья Петровна?

— Как постарела? — отвечал рассеянно Томский, — она лет семь назад умерла.

Воспитанница подняла голову и сделала знак молодому человеку. Он вспомнил, что старой графине не говорили о смерти её ровесниц, и замолчал. Но графиня услышала эту новость с большим спокойствием.

— Умерла! — сказала она, — а я и не знала! Мы вместе начинали при дворе, и когда мы пришли представляться, царица...

И графиня в сотый раз рассказала внуку свой анекдот.

— Ну, Paul, — сказала она потом, — теперь помоги мне встать.

И графиня со своими девушками пошла одеваться. Томский остался с воспитанницей.

— Кого это вы хотите представить? — тихо спросила Лизавета Ивановна.

— Нарумова. Вы его знаете?

— Нет! Он военный?

— Военный.

— Инженер?

— Нет! А почему вы думали, что он инженер?

Лизанька засмеялась и не отвечала ни слова.

— Paul! — закричала графиня, — пришли мне какой-нибудь новый роман, только, пожалуйста, не из современных.

— Как это, grand'maman?

— То есть такой роман, где бы герой не убивал ни отца, ни матери и где бы не было покойников. Я ужасно боюсь покойников!

— Таких романов сейчас нет. Не хотите ли русских?

— А разве есть русские романы?.. Пришли, пожалуйста, пришли!

— Простите, grand'maman: я спешу... Простите, Лизавета Ивановна! Почему же вы думали, что Нарумов инженер?

И Томский вышел из комнаты.

Лизавета Ивановна осталась одна: она оставила работу и стала смотреть в окно. Скоро на одну сторону улицы из-за угла дома вышел молодой офицер. Румянец появился на её щеках, и она принялась опять за работу. В это время вошла графиня, совсем одетая.

— Прикажи́, Ли́занька, — сказа́ла она́, — гото́вить каре́ту, и пое́дем прогуля́ться.

Ли́занька вста́ла и ста́ла убира́ть свою́ рабо́ту.

— Что ты, мать моя́[17]! глуха́, что ли! — закрича́ла графи́ня. — Прикажи́ скоре́й гото́вить каре́ту.

— Сейча́с! — отвеча́ла ти́хо воспи́танница и побежа́ла в коридо́р.

Слуга́ вошёл и по́дал графи́не кни́ги от То́мского.

— Хорошо́! Благодари́ть[18], — сказа́ла графи́ня. — Ли́занька, Ли́занька! Да куда́ ж ты бежи́шь?

— Одева́ться.

— Успе́ешь, ма́тушка. Сиди́ здесь. Откро́й пе́рвый том; чита́й вслух...

Ли́за взяла́ кни́гу и немно́го прочла́.

— Гро́мче! — сказа́ла графи́ня. — Что с тобо́ю, мать моя́? Го́лос потеря́ла, что ли?.. Ну!

Лизаве́та Ива́новна прочла́ ещё две страни́цы. Графи́не ста́ло ску́чно.

— Брось э́ту кни́гу, — сказа́ла она́, — что за глу́пости! Пошли́ её обра́тно моему́ вну́ку и поблагодари́... Да что ж каре́та?

— Каре́та гото́ва, — сказа́ла Лизаве́та Ива́новна, посмотре́в на у́лицу.

— Что ж ты не одета? — сказала графиня, — всегда надо тебя ждать!

Лиза побежала в свою комнату. Не прошло и двух минут, как графиня начала звонить изо всех сил. Три девушки вбежали в одну дверь, а слуга в другую.

— Что это вы звонка не слышите? — сказала им графиня. — Скажи Лизавете Ивановне, что я её жду.

Вошла Лизавета Ивановна в пальто и шляпке.

— Наконец, мать моя! — сказала графиня. — Что это ты так оделась! Зачем это?.. Кому хочешь понравиться?.. А какова погода? Кажется, ветер.

— Нет! Очень тихо! — отвечал слуга.

— Вы всегда говорите не подумав! Откройте немного окно. Так и есть: ветер! И очень холодный! Карета не нужна! Лизанька, мы не поедем: нечего было одеваться.

«И вот моя жизнь!» — подумала Лизавета Ивановна.

В самом деле, Лизавета Ивановна была очень несчастна. Горек чужой хлеб, говорит Данте, а кому и знать горечь зависимости, как не бедной воспитаннице? Графиня ***, конечно, не была в душе злой, но была эгоистична, как и все старые люди, которые люби́ли в своё вре́мя и уже́ не жи́ли настоя́щим. Она́ е́здила на все балы́, где сиде́ла в углу́, оде́тая по стари́нной мо́де, как необходи́мое украше́ние ба́льного за́ла; к ней подходи́ли с ни́зкими покло́нами все, кто приезжа́л на бал, и пото́м уже́ никто́ е́ю не занима́лся. У себя́ принима́ла она́ весь го́род, не узнава́я никого́ в лицо́. Многочи́сленные слу́ги графи́ни поседе́ли и постаре́ли в её до́ме и де́лали что хоте́ли. Лизаве́та Ива́новна была́ дома́шней же́ртвой. Она́ вслух чита́ла рома́ны и винова́та была́ во всех оши́бках а́втора; она́ е́здила с графи́ней на прогу́лки и отвеча́ла за пого́ду и за доро́гу. Ей обеща́ли плати́ть жа́лованье[19], но никогда́ не плати́ли по́лностью, одна́ко тре́бовали от неё, чтоб она́ оде́та была́, как все, то есть как о́чень немно́гие. В о́бществе игра́ла она́ са́мую жа́лкую роль. Все её зна́ли, и никто́ не замеча́л; на бала́х она́ танцева́ла то́лько тогда́, когда́ иска́ли и не находи́ли vis-á-vis[20]. Она́ была́ горда́, прекра́сно чу́вствовала своё положе́ние и смотре́ла вокру́г себя́, с нетерпе́нием ожида́я спаси́теля; но расчётливые молоды́е лю́ди не обраща́ли на неё внима́ния, хотя́ Лизаве́та Ива́новна была́ во сто раз миле́е холо́дных краса́виц, за кото́рыми они́ уха́живали. Ско́лько раз, оста́вив тихо́нько ску́чную бога́тую гости́ную, она́ уходи́ла пла́кать в бе́дной свое́й ко́мнате!

Одна́жды — э́то случи́лось через два дня по́сле ве́чера, опи́санного в нача́ле э́той по́вести, и за неде́лю перед той сце́ной, на кото́рой мы останови́лись, — одна́жды Лизаве́та Ива́новна, си́дя у око́шка, случа́йно взгляну́ла на у́лицу и уви́дела молодо́го инжене́ра, кото́рый стоя́л, не дви́гаясь, и внима́тельно смотре́л на её око́шко. Она́ сно́ва заняла́сь рабо́той; через пять мину́т взгляну́ла опя́ть — молодо́й офице́р стоя́л на том же ме́сте. Не име́я привы́чки коке́тничать с офице́рами, кото́рые ходи́ли по их у́лице, она́ переста́ла смотре́ть в окно́ и ши́ла о́коло двух часо́в, не поднима́я головы́. По́дали обе́дать. Она́ вста́ла, начала́ убира́ть свою́ рабо́ту и, взгляну́в случа́йно на у́лицу, опя́ть уви́дела офице́ра. Это показа́лось ей стра́нным. По́сле обе́да она́ подошла́ к око́шку с чу́вством не́которого беспоко́йства, но уже́ офице́ра не́ было, и она́ про него́ забы́ла...

Дня через два, выходя́ с графи́ней сади́ться в каре́ту, она́ опя́ть его́ уви́дела. Он стоя́л у са́мого вхо́да, лицо́ его́ бы́ло почти́ не ви́дно, чёрные глаза́ его́ горе́ли из-под шля́пы. Лизаве́та Ива́новна испуга́лась, сама́

не зна́я чего́, и в волне́нии се́ла в каре́ту.

Верну́вшись домо́й, она́ подбежа́ла к око́шку — офице́р стоя́л на том же ме́сте и внима́тельно смотре́л на неё: она́ отошла́ с чу́вством для неё совсе́м но́вым.

С того́ вре́мени не проходи́ло дня, чтоб молодо́й челове́к, в изве́стный час, не явля́лся под о́кнами их до́ма. Си́дя на своём ме́сте за рабо́той, она́ чу́вствовала, как он подходи́л, — поднима́ла го́лову, смотре́ла на него́ с ка́ждым днём всё до́льше и до́льше. Молодо́й челове́к, каза́лось, был ей за э́то благода́рен: она́ ви́дела о́стрым взгля́дом мо́лодости, как бы́стрый румя́нец появля́лся на его́ бле́дных щека́х ка́ждый раз, когда́ их взгля́ды встреча́лись. Через неде́лю она́ ему́ улыбну́лась...

Когда́ То́мский попроси́л разреше́ния предста́вить графи́не своего́ дру́га, се́рдце бе́дной де́вушки заби́лось. Но узна́в, что Нару́мов не инжене́р, она́ сожале́ла, что нескро́мным вопро́сом дала́ поня́ть То́мскому, что у неё есть своя́ та́йна.

Ге́рманн был сы́ном не́мца, кото́рый до́лго жил в Росси́и и оста́вил ему́ ма́ленький капита́л. Ге́рманн ду́мал, что ему́ необходи́мо увели́чить свою́ незави́симость, не брал и проце́нтов, жил на одно́ жа́лованье, ничего лишнего себе не позволял. Однако, он был горд, мало рассказывал о себе, и товарищи его редко имели возможность посмеяться над его излишней бережливостью. У него было горячее воображение, но твёрдость спасла его от обыкновенных ошибок молодости. Так, например, он был в душе игроком, но никогда не брал карты в руки, потому что рассчитал, что его капитал не позволял ему (как он говорил) жертвовать необходимым в надежде получить излишнее, — и однако целые ночи сидел за карточными столами и следил с горячим трепетом за игрой.

Анекдот о трёх картах сильно подействовал на его воображение и целую ночь не выходил из его головы. «Что, если, — думал он на другой день вечером, гуляя по Петербургу, — что, если старая графиня откроет мне свою тайну! Или назовёт мне эти три верные карты! Почему ж не попробовать своего счастья?.. Представиться ей, понравиться, может быть, сделаться её любовником, но на это всё требуется время, а ей восемьдесят семь лет, она может умереть через неделю, через два дня!.. Да и сам анекдот?.. Можно ли ему верить?.. Нет! Расчёт, скромные требования к жизни и трудолюбие: вот мои три верные карты, вот что увеличит в три, в семь раз мой капитал и даст мне покой и независимость!»

Думая о тайне старухи, оказался он на одной из главных улиц Петербурга, перед домом старинной архитектуры[21]. На улице стояло много карет, они одна за другою ехали к освещённому входу. Из карет выходило много народу. Все были красиво и богато одеты. Германн остановился.

— Чей это дом? — спросил он.

— Графини ***, — услышал он в ответ.

Германн затрепетал. Удивительный анекдот снова явился его воображению. Он стал ходить около дома, думая о его хозяйке и о её тайне. Поздно вернулся он в свою небольшую квартирку; ему долго не спалось, и, потом, во сне, он видел карты, зелёный стол и много денег. Он ставил карту за картой, всё время выигрывал, и брал себе золото, и клал деньги в карман. Он встал поздно, подумал с грустью о потере своего фантастического богатства, пошёл опять гулять по городу и опять оказался перед домом графини ***. Как будто какая-то странная сила приводила его к этому дому. Он остановился и стал смотреть на окна. В одном увидел он черноволосую головку. Головка немного поднялась. Германн увидел свежее личико[22] и чёрные глаза. Эта минута решила его судьбу.

Задания

Закончите фразы, выбрав правильный ответ.
Проверьте себя по ключу.

1. **Томский приехал к графине, ...**
   а) чтобы попросить её кое о чём
   б) чтобы узнать, как у неё дела
   в) потому что обещал ей новые книги

2. **Когда внук приехал к ней, графиня ... .**
   а) ещё спала
   б) собиралась на прогулку
   в) готовилась к балу

3. **Старая графиня в восемьдесят лет ... .**
   а) внимательно следила за модой
   б) не обращала внимания на одежду
   в) следовала моде своей молодости

4. **Старуха, случайно узнав о смерти одной своей ровесницы, ...**
   а) смогла с лёгкостью говорить об этом
   б) заплакала и стала вспоминать свою молодость
   в) рассердилась, что ей раньше не сказали об этом

5. **В тот день графиня несколько раз изменила своё решение и ... .**
   а) осталась дома, потому что на улице было холодно
   б) наконец поехала на прогулку
   в) выбрала для чтения французский роман

6. Графиня жила в огромном старинном доме ... .
   а) со своими детьми и внуками
   б) одна, но к ней часто приходили гости
   в) с бедной воспитанницей

7. Воспитанница Лизавета Ивановна ... .
   а) жила в большом и богатом доме легко и ни на что не жаловалась
   б) жалела старуху и во всём ей помогала
   в) чувствовала себя несчастной и надеялась как можно скорее оставить этот дом

8. Молодые люди никогда не обращали внимания на Лизавету Ивановну, потому что ... .
   а) она была некрасива
   б) она была бедна
   в) ей было много лет

9. Недавно под окнами дома графини появился загадочный молодой офицер, который всё время смотрел на Лизавету Ивановну, ...
   а) и она сначала не знала, как себя вести, а потом уже ждала его
   б) но она не замечала его, потому что была слишком занята работой
   в) но её это не интересовало, потому что она не любила кокетничать

10. Офицер приходил к дому графини в течение недели, и Лизавета Ивановна ... .
   а) тайно послала ему короткое письмо
   б) дала ему понять, что больше не хочет его видеть
   в) стала обмениваться с ним взглядами

11. Германн ... .
   а) был расчётлив и старался тратить как можно меньше
   б) жил в большой бедности и во всём себе отказывал
   в) жил на деньги, которые ему оставил отец

12. Германн мечтал ... .
   а) стать богатым
   б) сделать карьеру
   в) удачно жениться

13. Германн ... .
   а) не любил работать и надеялся на случай
   б) был очень энергичен и бережлив
   в) был разговорчивым, гордым и легкомысленным молодым человеком

14. Услышав историю о трёх картах, военный инженер ... .
   а) почти сразу забыл об этой тайне
   б) долго думал, как ей воспользоваться и увеличить свой капитал
   в) решил стать любовником восьмидесятилетней старухи, чтобы узнать эту тайну

15. Германн оказался у дома графини ... .
   а) случайно
   б) потому что долго искал дорогу к нему
   в) потому что его пригласил Томский

16. Дом графини находится ... .
   а) в Москве
   б) в Петербурге
   в) в одном провинциальном городе российской империи

17. Когда Германн вернулся ещё раз к дому графини, он увидел в окне молодое женское лицо и ... .
   а) очень удивился, потому что знал эту девушку
   б) понял, что ему лучше больше никогда не приходить сюда
   в) принял решение, которое могло изменить его жизнь

Ключи
1.а 2.б 3.в 4.а 5.а 6.б 7.в 8.б 9.а 10.в 11.а 12.а 13.б 14.б 15.а 16.б 17.в

III

Как только Лизавета Ивановна сняла пальто и шляпу, графиня послала за нею и приказала опять готовить карету. Они пошли садиться. В то самое время, как двое слуг подняли старуху и посадили внутрь, Лизавета Ивановна у самой кареты увидела своего инженера. Он взял её руку, и она очень испугалась. Молодой человек быстро ушёл, письмо осталось в её руке. Она положила его за перчатку и всю дорогу ничего не слышала и не видела. Графиня имела обыкновение[23] часто задавать в карете вопросы: кто это с нами встретился? Как называется этот мост? Что там написано? Лизавета Ивановна сегодня отвечала, не думая, не к месту[24], и рассердила графиню.

— Что с тобою сделалось, мать моя! Ты меня или не слышишь, или не понимаешь?.. Слава богу, я произношу всё правильно и из ума ещё не выжила[25]!

Лизавета Ивановна её не слушала. Вернувшись домой, она побежала в свою комнату, взяла письмо — оно не было закрыто. Лизавета Ивановна его про-

читáла. Э́то бы́ло признáние в любви́: онó бы́ло нéжно, уважи́тельно и пóлностью взя́то из немéцкого ромáна. Но Лизавéта Ивáновна немéцкого не знáла и остáлась óчень довóльна.

Однáко письмó, котóрое онá приняла́, óчень беспокóило её. Впервы́е входи́ла онá в тáйные отношéния с молоды́м мужчи́ною. Егó смéлость ужасáла её. Онá упрекáла себя́ в неосторóжности и не знáла, что дéлать: перестáть ли сидéть у окóшка и невнимáнием отдали́ть молодóго офицéра? Верну́ть ли ему́ письмó? Отвечáть ли хóлодно и реши́тельно? Ей не с кем бы́ло посовéтоваться, у неё не́ было подру́ги. Лизавéта Ивáновна реши́лась отвечáть.

Онá сéла за пи́сьменный стóлик, взяла́ бумáгу — и заду́малась. Нéсколько раз начинáла онá своё письмó и рвала́ егó: то онó казáлось ей сли́шком мя́гким, то сли́шком жестóким. Наконéц ей удалóсь написáть нéсколько слов, котóрыми онá остáлась довóльна. «Я увéрена, — писáла онá, — что вáши мы́сли честны́ и что вы не хотéли оби́деть меня́, но нáше знакóмство не должнó бы бы́ло так начáться. Возвращáю вам письмó вáше и надéюсь, что в бу́дущем у меня́ не бу́дет причи́ны жáловаться на вáше неуважéние».

На другой день, увидя Германна на улице, Лизавета Ивановна перестала шить, встала, вышла в зал, открыла немного окно и бросила письмо на улицу, надеясь, что молодой офицер быстро найдёт его. Германн подбежал, поднял его и вошёл в магазин. Открыв конверт, он нашёл своё письмо и ответ Лизаветы Ивановны. Он того и ждал и вернулся домой, очень занятый этой историей.

Через три дня Лизавете Ивановне молоденькая француженка принесла записочку из модного магазина. Лизавета Ивановна открыла её с беспокойством, думая, что от неё требуют денег, и вдруг узнала руку Германна.

— Вы, милая, ошиблись, — сказала она, — эта записка не мне.

— Нет, точно вам! — отвечала смелая девушка с улыбкой. — Прочитайте, пожалуйста!

Лизавета Ивановна быстро прочитала записку. Германн требовал свидания.

— Не может быть! — сказала Лизавета Ивановна с испугом. — Эта записка написана не мне! — И разорвала письмо.

— Если письмо не вам, зачем же вы его разорвали?

— сказа́ла францу́женка, — я бы верну́ла его́ тому́, кто его́ посла́л.

Лизаве́та Ива́новна услы́шала э́то замеча́ние и покрасне́ла.

— Пожа́луйста, ми́лая! — сказа́ла она́, — бо́льше мне запи́сок не носи́те. А тому́, кто вас посла́л, скажи́те, что ему́ должно́ быть сты́дно...

Но Ге́рманн не успоко́ился. Лизаве́та Ива́новна ка́ждый день получа́ла от него́ пи́сьма. Ге́рманн уже́ не переводи́л их с неме́цкого, но писа́л, выража́я всю си́лу свои́х жела́ний и воображе́ния. Лизаве́та Ива́новна уже́ не ду́мала возвраща́ть их ему́: она́ с ра́достью чита́ла его́ пи́сьма; ста́ла на них отвеча́ть, и её запи́ски станови́лись всё длинне́е и нежне́е. Наконе́ц она́ бро́сила ему́ в окно́ сле́дующее письмо́:

«Сего́дня бал у ***ского посла́. Графи́ня там бу́дет. Мы оста́немся часо́в до двух. Вот вам слу́чай уви́деть меня́ наедине́[26]. Как то́лько графи́ня уе́дет, все слу́ги, наве́рное, разойду́тся, при вхо́де оста́нется оди́н слуга́, но и он обыкнове́нно ухо́дит в свою́ ко́мнату. Приходи́те в полови́не двена́дцатого. Иди́те пря́мо на ле́стницу. Е́сли вы найдёте кого́-то при вхо́де, то вы спро́сите, до́ма ли графи́ня. Вам ска́жут нет, — и де́лать не́че-

го. Вы должны́ бу́дете верну́ться. Но, наве́рное, вы не встре́тите никого́. Де́вушки сидя́т у себя́, все в одно́й ко́мнате. Из коридо́ра иди́те нале́во, иди́те всё пря́мо до спа́льни, где спит графи́ня. В спа́льне уви́дите две ма́ленькие две́ри: спра́ва в кабине́т, куда́ графи́ня никогда́ не вхо́дит; сле́ва в коридо́р, и тут же ма́ленькая у́зкая ле́стница: она́ ведёт в мою́ ко́мнату».

Ге́рманн трепета́л, как тигр, ожида́я вре́мя свида́ния. В де́сять часо́в ве́чера он уж стоя́л перед до́мом графи́ни. Пого́да была́ ужа́сная: си́льный ве́тер и снег. У́лицы бы́ли пусты́. Ге́рманн стоя́л без пальто́, не чу́вствуя ни ве́тра, ни сне́га. Наконе́ц по́дали каре́ту графи́ни. Ге́рманн ви́дел, как слу́ги вы́несли под руки стару́ху и как за не́ю, в холо́дном плаще́, прошла́ её воспи́танница. Две́рцы каре́ты закры́лись, и она́ тяжело́ пое́хала по сне́гу. В до́ме графи́ни ста́ло темно́. Ге́рманн стал ходи́ть о́коло до́ма. Он взгляну́л на часы́, — бы́ло два́дцать мину́т двена́дцатого. Он до́лго стоя́л, смотре́л на часы́ и ждал, когда́ пройду́т остальны́е мину́ты.

Ро́вно в полови́не двена́дцатого Ге́рманн вошёл в дом. Горе́л свет, при вхо́де слуги́ не́ было. Ге́рманн подня́лся по ле́стнице, откры́л две́ри в коридо́р и уви́дел слугу́, кото́рый спал под ла́мпой, в стари́нном

грязном кресле. Лёгким и твёрдым шагом Германн прошёл мимо него. Зал и гостиная были темны. Лампа слабо освещала их из коридора. Германн вошёл в спальню. Старые кресла и диваны стояли в грустной симметрии около стен. На стене висели два портрета, написанные в Париже m-me Lebrun[27]. Один из них изображал мужчину лет сорока, румяного и полного, в светло-зелёном мундире и со звездою[28]; другой — молодую красавицу с розою в волосах. В глубине комнаты стояла маленькая железная кровать; справа находилась дверь в кабинет; слева, другая — в коридор. Германн её открыл, увидел узкую лестницу, которая вела в комнату бедной воспитанницы... Но он вернулся и вошёл в тёмный кабинет.

Время шло медленно. Всё было тихо. В гостиной пробило двенадцать; по всем комнатам часы одни за другими прозвонили двенадцать, — и опять тишина. Германн был спокоен; сердце его билось ровно, как у человека, который решился на что-то опасное, но необходимое. Часы пробили первый и второй час утра, и он услышал дальний шум кареты. Германн почувствовал лёгкое волнение. Карета подъехала и остановилась. В доме забегали слуги, стали слышны голоса, и дом осветился. В спальню вбежали три старые служанки, и графиня, чуть живая, вошла и села в глубокое кресло. Германн видел, как Лизавета Ивановна прошла мимо кабинета. Германн услышал её быстрые шаги на лестнице. Он почувствовал нечто похожее на угрызения совести, но это чувство быстро прошло. Он окаменел.

Графиня стала раздеваться перед зеркалом. Жёлтое платье упало к её ногам. Наконец графиня осталась в одной рубашке, и в этой одежде она казалась менее ужасна и некрасива.

Как и все старые люди, графиня плохо спала по ночам. Раздевшись, она села у окна в глубокое кресло и разрешила служанкам уйти. Свечи вынесли, комната опять осветилась одной лампадой[29]. Графиня сидела вся жёлтая, двигая губами. Во взгляде её не выражалось ни одной мысли.

Вдруг это мёртвое лицо сильно изменилось. Губы перестали двигаться, глаза оживились: перед графиней стоял незнакомый мужчина.

— Не пугайтесь, ради бога, не пугайтесь! — сказал он тихим голосом. — Я не хочу вредить вам; я пришёл просить вас об одной милости.

Старуха молча смотрела на него и, казалось, его не

слы́шала. Ге́рманн поду́мал, что она́ глуха́, подошёл как мо́жно бли́же и над са́мым её у́хом повтори́л ей то же са́мое. Стару́ха молча́ла.

— Вы мо́жете, — продолжа́л Ге́рманн, — сде́лать меня́ счастли́вым челове́ком, и э́то ничего́ не бу́дет вам сто́ить: я зна́ю, что вы мо́жете угада́ть три ка́рты подря́д...

Ге́рманн останови́лся. Графи́ня, каза́лось, поняла́, чего́ от неё тре́бовали; каза́лось, она́ иска́ла слов для своего́ отве́та.

— Э́то была́ шу́тка, — сказа́ла она́ наконе́ц, — че́стное сло́во! Э́то была́ шу́тка!

— Э́тим не́чего шути́ть, — сказа́л серди́то Ге́рманн. — Вспо́мните Чапли́цкого, кото́рому помогли́ вы отыгра́ться.

Лицо́ графи́ни от волне́ния измени́лось, но ненадо́лго.

— Мо́жете ли вы, — продолжа́л Ге́рманн, — сказа́ть мне, каки́е э́то три ве́рные ка́рты?

Графи́ня молча́ла; Ге́рманн продолжа́л:

— Для кого́ вам бере́чь ва́шу та́йну? Для вну́ков? Они́ бога́ты и без того́; они́ же не зна́ют и цены́ деньга́м. Им не помо́гут ва́ши три ка́рты. Кто не уме́ет беречь отцовские деньги, тот всё равно умрёт в бедности, несмотря ни на что. Я знаю цену деньгам. Ваши три карты для меня́ о́чень важны́. Ну!..

Он останови́лся и с тре́петом ожида́л её отве́та. Графи́ня молча́ла; Ге́рманн встал на коле́ни.

— Е́сли когда́-нибудь, — сказа́л он, — се́рдце ва́ше зна́ло чу́вство любви́, е́сли вы по́мните её ра́дости, е́сли что́-нибудь челове́ческое би́лось когда́-нибудь в груди́ ва́шей, то прошу́ вас как жену́, любо́вницу, мать, не откажи́те мне в мое́й про́сьбе! Откро́йте мне ва́шу та́йну! Что вам в ней?.. Мо́жет быть, она́ напомина́ет вам о како́м-то ужа́сном грехе́. Поду́майте: вы ста́ры; жить вам уж недо́лго, я гото́в взять грех ваш на свою́ ду́шу. Откро́йте мне то́лько ва́шу та́йну. Поду́майте, что сча́стье челове́ка нахо́дится в ва́ших рука́х, что не то́лько я, но де́ти мои́, вну́ки и пра́внуки бу́дут благодари́ть вас до конца́ свои́х дней...

Стару́ха не отвеча́ла ни сло́ва.

Ге́рманн встал.

— Ста́рая ве́дьма! — сказа́л он серди́то, — ты отве́тишь мне...

С э́тими слова́ми он взял из карма́на пистоле́т. Графи́ня уви́дела его́, и лицо́ её во второ́й раз си́льно

изменилось. Она подняла руку, как бы защищаясь от пистолета... Потом упала... и осталась без движения.

— Перестаньте ребячиться[30], — сказал Германн, взяв её руку. — Спрашиваю в последний раз: хотите ли открыть мне ваши три карты? Да или нет?

Графиня не отвечала. Германн увидел, что она умерла.

Задания

Закончите фразы, выбрав правильный ответ.
Проверьте себя по ключу.

1. Во время прогулки Лизавета Ивановна была очень рассеянна, потому что ... .
   а) она устала отвечать на бесконечные вопросы графини
   б) она только что неожиданно получила письмо от офицера
   в) она смотрела по сторонам и искала что-то глазами

2. Первое письмо, которое она получила от Германна, ...
   а) он написал с помощью друга, потому что плохо знал русский
   б) выражало всю его любовь к прекрасной незнакомке
   в) он переписал из одного романа

3. Лизавета Ивановна прочитала письмо и ... .
   а) осталась очень довольна
   б) испугалась
   в) ей почему-то стало грустно

4. Она долго сомневалась, что делать, и ... .
   а) оставила это письмо без ответа
   б) вернула это письмо Германну с просьбой больше не писать ей
   в) решила больше никогда не сидеть у окна

5. В следующий раз Германн передал ей письмо ... .
   а) через продавщицу
   б) через слугу
   в) сам

6. Германн каждый день продолжал писать Лизавете Ивановне, ...
   а) и она тоже увлечённо писала ему
   б) он всё время переписывал свои письма из немецкого романа
   в) но она ещё долго сомневалась, как себя вести

7. Лизавета Ивановна пригласила Германна на свидание и ... .
   а) попросила не приходить раньше двух часов ночи
   б) дала ему ключ от дома графини
   в) подробно описала в письме, где находятся разные комнаты

8. Когда Германн вошёл в дом, он прошёл в спальню графини и ... .
   а) остался там
   б) потом оказался в комнате Лизы
   в) в кабинет, где и остался ждать

9. Пока Германн ждал, ...
   а) он всё время нервничал и в последнюю минуту даже думал убежать
   б) он не волновался, но, услышав шум кареты, почувствовал некоторое беспокойство
   в) он был спокоен и внимательно слушал, что происходило в доме

10. Вернувшись в свою спальню, графиня с помощью слуг ... .
   а) сняла бальное платье и легла спать
   б) разделась, но не спала
   в) надела спальную кофту, села в кресло и уснула беспокойным сном

11. Когда Германн неожиданно появился из темноты, старуха испугалась ... .
   а) и долго молчала перед тем, как ответить ему
   б) и не поняла ни слова из того, что он говорил
   в) и закричала на весь дом, прося о помощи

12. Чтобы узнать тайну трёх карт, Германн долго говорил и ... .
   а) его слова очень испугали старуху
   б) предложил графине деньги
   в) сначала старался убедить графиню по-хорошему

13. В ответ на его слова графиня ... .
   а) ничего не сказала
   б) сказала, что это только старый анекдот
   в) сказала, что она забыла три карты

14. Увидев пистолет, старая графиня ... .
   а) хотела защититься
   б) позвала на помощь
   в) упала на пол

15. Графиня умерла ... .
   а) от страха
   б) — Германн убил её из пистолета
   в) от старости

Ключи
1.6 2.в 3.а 4.6 5.а 6.а 7.в 8.в 9.в 10.6
11.а 12.в 13.6 14.в 15.а

IV

Лизавета Ивановна сидела в своей комнате, ещё в бальном платье, глубоко задумавшись. Она приехала домой и разрешила служанке уйти, сказала, что разденется сама, и с трепетом вошла к себе, надеясь найти там Германна и желая не найти его. С первого взгляда она поняла, что его нет, и благодарила судьбу за то, что помешало их свиданию. Она села, не раздеваясь, и стала вспоминать недавнее прошлое. Не прошло трёх недель с той поры, как она в первый раз увидела в окошко молодого человека, — и она уже была с ним в переписке, и он успел получить ночное свидание! Она знала имя его потому только, что некоторые из его писем были им подписаны; никогда с ним не говорила, не слышала его голоса, никогда о нём не слышала… до самого этого вечера. Странное дело! В самый тот вечер, на балу, Томский, сердясь на молодую княжну Полину ***, которая кокетничала не с ним, желал отомстить: он позвал Лизавету Ивановну и танцевал с нею бесконечно долго. Всё время шутил боль-

ше, чем она могла ждать от него, и после некоторых из его шуток Лизавета Ивановна думала несколько раз, что её тайна была ему известна.

— От кого вы всё это знаете? — спросила она, смеясь.

— От друга одного известного вам господина, — отвечал Томский, — замечательного человека!

— Кто ж этот замечательный человек?

— Его зовут Германном.

Лизавета Ивановна не отвечала ничего, но её руки и ноги похолодели...

— Этот Германн, — продолжал Томский, — похож на героя романа: у него профиль Наполеона, а душа Мефистофеля. Я думаю, что на его совести, наверное, три злодейства[31]. Как вы побледнели!..

— У меня голова болит... Что же говорил вам Германн, или как его?..

— Германн очень недоволен своим другом: он говорит, что на его месте он повёл бы себя совсем по-другому... Я даже думаю, что Германн сам интересуется вами, ведь он внимательно слушает рассказы влюблённого своего друга.

— Да где ж он меня видел?

— В це́ркви, мо́жет быть!.. Бог его́ зна́ет! Мо́жет быть, в ва́шей ко́мнате, во вре́мя ва́шего сна: от него́ мо́жно ждать всего́...

К ним подошли́ три да́мы с вопро́сами — oubli ou regret?[32] — и разгово́р, кото́рый станови́лся интере́сен для Лизаве́ты Ива́новны, зако́нчился.

Да́ма, кото́рую вы́брал То́мский, была́ княжна́ Поли́на. Она́ успе́ла с ним объясни́ться, пока́ протанцева́ла с ним ли́шний круг и постоя́ла немно́го перед свои́м сту́лом. То́мский, верну́вшись на своё ме́сто, уже́ не ду́мал ни о Ге́рманне, ни о Лизаве́те Ива́новне. Она́ о́чень хоте́ла верну́ться к ста́рому разгово́ру, но ско́ро ста́рая графи́ня уе́хала.

Слова́ То́мского бы́ли то́лько пусты́ми разгово́рами во вре́мя ба́ла, но они́ глубоко́ сохрани́лись в душе́ молодо́й мечта́тельницы. Портре́т, кото́рый со́здал То́мский, был похо́ж на изображе́ние, кото́рое приду́мала она́ сама́, и, благодаря́ нове́йшим рома́нам, э́то лицо́ уже́ пуга́ло и увлека́ло её воображе́ние. Она́ сиде́ла ещё в ба́льном пла́тье... Вдруг дверь откры́лась, и Ге́рманн вошёл. Она́ затрепета́ла...

— Где же вы бы́ли? — спроси́ла она́ испу́ганно.

— В спа́льне у ста́рой графи́ни, — отвеча́л Ге́рманн,

— я сейча́с от неё. Графи́ня умерла́.

— Бо́же мой!.. Что вы говори́те?..

— И ка́жется, — продолжа́л Ге́рманн, — я причи́на её сме́рти.

Лизаве́та Ива́новна взгляну́ла на него́, и слова́ То́мского прозвуча́ли в её душе́: у э́того челове́ка, наве́рное, три злоде́йства на душе́! Ге́рманн сел на око́шко ря́дом с ней и всё рассказа́л.

Лизаве́та Ива́новна вы́слушала его́ с у́жасом. Ита́к, э́ти пи́сьма, э́ти реши́тельные тре́бования, э́то сме́лое пресле́дование, всё э́то бы́ло не любо́вь! Де́ньги — вот чего́ хоте́ла его́ душа́! Не она́ могла́ сде́лать его́ счастли́вым! Бе́дная воспи́танница была́ помо́щницей уби́йцы ста́рой графи́ни!.. Го́рько запла́кала она́, чу́вствуя по́здние угрызе́ния со́вести. Ге́рманн смотре́л на неё мо́лча: се́рдце его́ так же си́льно би́лось, но го́ре бе́дной де́вушки не волнова́ло его́ жесто́кую ду́шу. Он не чу́вствовал угрызе́ния со́вести при мы́сли о мёртвой стару́хе. Одно́ его́ ужаса́ло: та́йна, кото́рая могла́ принести́ ему́ бога́тство, была́ навсегда́ поте́ряна.

— Вы ужа́сны! — сказа́ла наконе́ц Лизаве́та Ива́новна.

— Я не хоте́л её сме́рти, — отвеча́л Ге́рманн, — пистоле́т мой не заря́жен.

Они́ замолча́ли.

У́тро наступа́ло. Бле́дный свет освети́л ко́мнату. Лизаве́та Ива́новна переста́ла пла́кать и подняла́ глаза́ на Ге́рманна: он сиде́л на око́шке и был удиви́тельно похо́ж на портре́т Наполео́на. Э́то схо́дство порази́ло да́же Лизаве́ту Ива́новну.

— Как вам вы́йти из до́ма? — сказа́ла наконе́ц Лизаве́та Ива́новна. — Я ду́мала провести́ вас по та́йной ле́стнице, но на́до идти́ ми́мо спа́льни, а я бою́сь.

— Расскажи́те мне, как найти́ э́ту та́йную ле́стницу; я вы́йду.

Лизаве́та Ива́новна вста́ла, нашла́ ключ, дала́ его́ Ге́рманну и объясни́ла ему́, как пройти́. Ге́рманн поцелова́л её и вы́шел.

Он сошёл вниз по ле́стнице и вошёл опя́ть в спа́льню графи́ни. Мёртвая стару́ха сиде́ла, как ка́менная; лицо́ её выража́ло глубо́кое споко́йствие. Ге́рманн останови́лся перед не́ю, до́лго смотре́л на неё, как бы жела́я пове́рить в ужа́сную пра́вду; наконе́ц вошёл в кабине́т, нашёл та́йную дверь и стал сходи́ть по тёмной ле́стнице. Стра́нные чу́вства волнова́ли его́. По э́той са́мой ле́стнице, ду́мал он, мо́жет быть, лет шестьдеся́т наза́д, в э́ту са́мую спа́льню, в тако́й же час, шёл та́йно молодо́й счастли́вец, кото́рый давно́ уже́ у́мер, а се́рдце ста́рой его́ любо́вницы сего́дня переста́ло би́ться...

Под ле́стницей Ге́рманн нашёл дверь, кото́рую откры́л тем же ключо́м, и по коридо́ру вы́шел на у́лицу.

Задания

Закончите фразы, выбрав правильный ответ.
Проверьте себя по ключу.

1. **Когда Лизавета Ивановна вернулась с бала и не нашла Германна в своей комнате, ...**
   а) она решила, что он, наверное, забыл о свидании
   б) она была очень рада
   в) она подумала, что так, наверное, и должно было случиться

2. **Девушке казалось, что ... .**
   а) она слишком плохо знает Германна
   б) встречаться по ночам с молодыми людьми очень романтично
   в) Германну можно доверять

3. **В тот вечер на балу Томский ... .**
   а) специально пригласил её танцевать, чтобы рассказать ей кое-что о Германне
   б) пригласил её на танец, потому что хотел привлечь внимание одной молодой княжны
   в) танцевал только с Лизаветой Ивановной, потому что хотел поговорить с ней

4. Томский характеризует Германна ... .
   а) как доброго и сердечного молодого человека
   б) как замечательного военного
   в) и говорит, что в нём есть что-то дьявольское и что он чем-то похож на одну известную историческую личность

5. Лизавете Ивановне казалось, что ... .
   а) слова Томского верны
   б) Томский шутит, говоря так о своём друге
   в) Томский сказал ей неправду

6. Когда Германн наконец пришёл в комнату Лизаветы Ивановны, он ... .
   а) долго молчал, потому что был очень испуган
   б) извинился за опоздание
   в) рассказал ей, как умерла старая графиня

7. Бедная воспитанница внимательно слушала его и в конце концов ... .
   а) поняла, что Германн никогда не любил её
   б) подумала, что Германн ещё может полюбить её
   в) решила, что если бы она была богатой, Германн женился бы на ней

8. Германн был очень огорчён, потому что ... .
   а) он не мог спокойно смотреть на горе Лизаветы Ивановны
   б) всё время видел перед собой сцену смерти старухи и очень страдал
   в) никто больше не мог открыть ему тайну трёх карт

9. Германн ушёл из дома графини ... .
   а) поздно ночью
   б) почти утром
   в) днём

10. Когда Германн уходил из дома графини, ...
   а) он чувствовал угрызения совести
   б) он думал, что виноват перед Лизаветой Ивановной
   в) он представлял себе картины прошлого

Ключи
1. в, 2. а, 3. б, 4. в, 5. а, 6. в, 7. а, 8. в, 9. б, 10. в

V

Через три дня после ужасной ночи, в девять часов утра, Германн пошёл в *** церковь, где были похороны покойной графини. Не чувствуя угрызений совести, он не мог, однако, совсем не слышать голос, который всё время повторял ему: ты убил старуху! Он верил, что мёртвая графиня могла вредно повлиять на его жизнь, и решился прийти на её похороны, чтобы попросить у неё прощения.

Церковь была полна. Германн с трудом мог пройти внутрь. Покойная лежала в гробу в белом платье. Кругом стояли её домашние: слуги в чёрном и со свечами в руках; родственники в глубоком трауре — дети, внуки и правнуки. Никто не плакал; слёзы были бы — une affection[33]. Графиня так была стара, что смерть её никого не могла поразить и что её родственники давно смотрели на неё, как на человека, близкого к смерти. Молодой священник произнёс надгробное слово. В простых выражениях представил он мирную, тихую смерть покойной. Родственники первые

пошли прощаться с телом. Потом двинулись и многочисленные гости, которые приехали поклониться той, которая так давно была участницей их радостей. После них и все домашние. Наконец приблизилась старая служанка покойницы. Две молодые девушки вели её под руки. Она не могла поклониться до земли, и одна поплакала немного, поцеловав холодную руку госпожи своей. После неё Германн решился подойти к гробу. Он поклонился в землю и несколько минут лежал на холодном полу. Наконец поднялся, бледен как сама покойница, подошёл к гробу... В эту минуту показалось ему, что мёртвая, смеясь, взглянула на него одним глазом. Германн быстро отошёл, оступился и упал. Его подняли. В то же самое время Лизавету Ивановну вынесли в обмороке из церкви. Между посетителями поднялся глухой шум, а один худой господин, близкий родственник покойницы, сказал тихо на ухо стоящему рядом с ним англичанину, что молодой офицер её побочный сын, на что англичанин отвечал холодно: Oh?

Целый день Германн был очень грустен. Обедая в ресторане, он, против обыкновения своего, пил очень много, в надежде забыть внутреннее волнение. Но ви-

но ещё бо́лее горячи́ло его́ воображе́ние. Верну́вшись домо́й, он лёг, не раздева́ясь, на крова́ть и кре́пко засну́л.

Он проснýлся ужé но́чью: лунá освещáла егó кóмнату. Он взглянýл на часы́: бы́ло без че́тверти три. Сон у негó прошёл; он сел на крова́ть и дýмал о похоронáх стáрой графи́ни.

В э́то вре́мя ктó-то с у́лицы взглянýл к немý в окнó, — и срáзу же отошёл. Гéрманн не обрати́л на э́то никакóго внимáния. Чéрез минýту услы́шал он, что открывáли дверь. Гéрманн дýмал, что слугá егó возвращáлся с ночнóй прогýлки. Но он услы́шал незнакóмые шаги́. Дверь откры́лась, вошлá же́нщина в бéлом плáтье. Гéрманн подýмал, что э́то егó стáрая служáнка, и удиви́лся, что моглó привести́ её в такóе врéмя. Но бéлая же́нщина встáла вдруг перед ним, — и Гéрманн узнáл графи́ню!

— Я пришлá к тебé прóтив своéй вóли, — сказáла онá твёрдым гóлосом, — но мне приказáли испóлнить твою́ прóсьбу. Трóйка, семёрка и туз вы́играют тебé подря́д, но с тем, что́бы ты за оди́н день бóлее однóй кáрты не стáвил и чтоб во всю жизнь ужé пóсле не игрáл. Прощáю тебé мою́ смерть, с тем, чтоб ты жени́лся на мое́й воспи́таннице Лизаве́те Ива́новне...

С э́тими слова́ми она́ ти́хо пошла́ к дверя́м. Ге́рманн слы́шал, как закры́лась дверь, и уви́дел, что кто́-то опя́ть посмотре́л к нему́ в око́шко.

Ге́рманн до́лго не мог прийти́ в себя́. Он вы́шел в другу́ю ко́мнату. Слуга́ его́ спал на полу́ и ничего́ не знал. Дверь была́ закры́та. Ге́рманн верну́лся в свою́ ко́мнату, засвети́л све́чку и записа́л своё виде́ние.

Задания

Закончите фразы, выбрав правильный ответ.
Проверьте себя по ключу.

1. **Германн пошёл на похороны графини, потому что ... .**
   а) так требовал обычай
   б) надеялся узнать тайну трёх карт
   в) боялся, что эта смерть может изменить его жизнь к худшему

2. **Во время похорон ... .**
   а) плакала только одна подруга графини
   б) никто не плакал, но все были в трауре
   в) все были одеты в чёрное и тихо плакали

3. **Когда Германн подошёл к гробу, ...**
   а) ему показалось, что старая графиня смотрит на него и смеётся
   б) он начал истерически смеяться
   в) все родственники графини внимательно смотрели на него

4. **Германн поклонился покойной и ... .**
   а) незаметно вышел из церкви
   б) чуть не упал, отходя от гроба
   в) упал от страха

5. Лизавета Ивановна … .
   а) так огорчилась, что не пошла на похороны
   б) во время похорон лишилась чувств
   в) очень волновалась во время похорон и ушла раньше всех

6. После похорон Германн … .
   а) зашёл в ресторан и выпил слишком много вина
   б) сразу вернулся домой и лёг спать
   в) долго ходил вокруг церкви

7. В ту ночь герой повести … .
   а) крепко спал
   б) проснулся и долго не спал
   в) просыпался много раз от волнения

8. Когда ночью Германну явилось видение, он … .
   а) сразу узнал старую графиню
   б) сначала принял белую женщину за свою служанку
   в) был так пьян, что мало что понял

9. В ту ночь графиня раскрыла Германну тайну трёх карт, … .
   а) потому что решила помочь ему
   б) потому что простила его
   в) хотя и не хотела этого делать

10. Это было страшное видение, и военный инженер ... .
 а) хотел сразу забыть его
 б) очень испугался и позвал слугу на помощь
 в) постарался запомнить его

Ключи
1. в 2. а 3. а 4. в 5. б 6. а 7. б 8. б 9. в 10. в

VI

Тройка, семёрка, туз — скоро закрыли в воображении Германна воспоминание о мёртвой старухе. Тройка, семёрка, туз — не выходили из его головы и двигали его губами. Увидев молодую девушку, он говорил: «Как она стройна!.. Настоящая тройка». У него спрашивали: «который час», он отвечал: «без пяти минут семёрка». Каждый мужчина с толстым животом напоминал ему туза. Тройка, семёрка, туз — преследовали его во сне, принимая все возможные формы. Все мысли его объединились в одну, — использовать тайну, которая дорого ему стоила. Он стал думать об отставке и о путешествии. Он хотел поехать в Париж и, играя в карты, попробовать там своё счастье. Случай помог ему.

В Москве создалось общество богатых игроков под председательством Чекалинского, который всю жизнь провёл за картами и имел миллионы. Его большому опыту верили, а открытый дом, вежливость и весёлость принесли ему общее уважение. Он приехал в Пе-

тербу́рг. Молодёжь ста́ла собира́ться у него́, забыва́я балы́ из-за карт. Нару́мов привёз к нему́ Ге́рманна.

Они́ прошли́ ряд прекра́сных ко́мнат. Не́сколько генера́лов игра́ли в ка́рты; молоды́е лю́ди сиде́ли на дива́нах, е́ли моро́женое и кури́ли. В гости́ной за дли́нным столо́м, о́коло кото́рого сиде́ло челове́к два́дцать игроко́в, хозя́ин вёл игру́ в ка́рты. Он был челове́к лет шести́десяти; по́лное и све́жее лицо́ изобража́ло доброду́шие; улы́бка всегда́ оживля́ла его́ глаза́. Нару́мов предста́вил ему́ Ге́рманна. Чекали́нский дру́жески поприве́тствовал его́, проси́л чу́вствовать себя́ свобо́дно и продолжа́л игра́ть.

Игра́ли до́лго. На столе́ бы́ло бо́лее тридцати́ карт. Чекали́нский иногда́ остана́вливался, что́бы дать игрока́м вре́мя, запи́сывал про́игрыш, ве́жливо слу́шал их тре́бования, внима́тельно следи́л за игро́й. Наконе́ц игра́ ко́нчилась. Чекали́нский пригото́вился сно́ва нача́ть.

— Позво́льте поста́вить ка́рту, — сказа́л Ге́рманн. Чекали́нский улыбну́лся и поклони́лся, мо́лча, в знак согла́сия. Нару́мов, смея́сь, поздра́вил Ге́рманна и пожела́л ему́ счастли́вого нача́ла.

— Идёт! — сказа́л Ге́рманн, написа́в су́мму де́нег

над своёю картою.

— Сколько? — спросил Чекалинский, — извините, я плохо вижу.

— Сорок семь тысяч, — отвечал Германн.

При этих словах все глаза обратились на Германна. «Он с ума сошёл!» — подумал Нарумов.

— Позвольте заметить вам, — сказал Чекалинский с обычной своею улыбкою, — что игра ваша сильна: никто более двухсот семидесяти пяти на одну карту здесь ещё не ставил.

— Что ж? — сказал Германн, — бьёте вы мою карту или нет?

Чекалинский поклонился с видом того же спокойного согласия.

— Я хотел вам сообщить, — сказал он, — что здесь возможно играть только на чистые деньги. С моей стороны я, конечно, уверен, что достаточно вашего слова, но для порядка игры и счетов прошу вас поставить деньги на карту.

Германн взял из кармана банкноту и подал её Чекалинскому, который, быстро посмотрев её, положил на карту Германна.

Он начал игру. Направо легла девятка, налево

тройка.

— Вы́играла! — сказа́л Ге́рманн, пока́зывая свою́ ка́рту.

Ме́жду игрока́ми подня́лся шум. Чекали́нский зане́рвничал, но улы́бка сра́зу верну́лась на его́ лицо́.

— Хоти́те получи́ть? — спроси́л он Ге́рманна.

— Да, пожа́луйста.

Чекали́нский взял из карма́на не́сколько банкно́т и сра́зу отда́л их. Ге́рманн при́нял свои́ де́ньги и отошёл от стола́. Нару́мов не мог прийти́ в себя́. Ге́рманн вы́пил стака́н воды́ и пошёл домо́й.

На друго́й день ве́чером он опя́ть яви́лся у Чекали́нского. Хозя́ин вёл игру́. Ге́рманн подошёл к столу́; ему́ сра́зу да́ли ме́сто, Чекали́нский ве́жливо ему́ поклони́лся.

Ге́рманн дожда́лся но́вой игры́, поста́вил ка́рту, положи́в на неё свой со́рок семь ты́сяч и вчера́шний вы́игрыш.

Игра́ начала́сь. Семёрка легла́ нале́во.

Ге́рманн откры́л семёрку.

Все а́хнули[34]. Чекали́нский отсчита́л девяно́сто четы́ре ты́сячи и переда́л Ге́рманну. Ге́рманн при́нял их и в ту же мину́ту ушёл.

Следующим вечером Германн явился опять у стола. Все его ждали. Генералы оставили свои столы с картами, чтоб видеть игру, столь необыкновенную. Молодые офицеры встали с диванов; все официанты собрались в гостиной. Все встали вокруг Германна. Другие игроки не поставили своих карт, с нетерпением ожидая, чем он кончит. Германн стоял у стола, готовясь один играть против бледного, но всё улыбающегося Чекалинского. Каждый взял свои карты. Германн выбрал свою карту и положил на неё банкноты. Это похоже было на поединок[35]. Глубокое молчание стояло кругом.

Чекалинский начал игру, руки его дрожали. Направо легла дама, налево туз.

— Туз выиграл! — сказал Германн и открыл свою карту.

— Дама ваша проиграла, — сказал вежливо Чекалинский.

Германн задрожал: в самом деле, вместо туза у него стояла пиковая дама. Он не верил своим глазам, не понимая, как мог он ошибиться.

В эту минуту ему показалось, что пиковая дама как-то странно со смехом посмотрела на него. Необык-

нове́нное схо́дство порази́ло его́...

— Стару́ха! — закрича́л он в у́жасе.

Чекали́нский взял себе́ прои́гранные банкно́ты. Ге́рманн стоя́л неподви́жно. Когда́ отошёл он от стола́, подня́лся шу́м.

— Как хорошо́ он игра́л! — говори́ли игроки́. Чекали́нский сно́ва взял ка́рты в ру́ки: игра́ продо́лжилась.

ЗАКЛЮЧЕНИЕ

Германн сошёл с ума. Он сидит в Обуховской больнице[36], не отвечает ни на какие вопросы и тихо и необыкновенно быстро повторяет: «Тройка, семёрка, туз! Тройка, семёрка, дама!..»

Лизавета Ивановна вышла замуж за очень милого молодого человека; он довольно богат. У Лизаветы Ивановны воспитывается бедная родственница.

Томский стал старшим офицером и женился на княжне Полине.

Задания

Закончите фразы, выбрав правильный ответ.
Проверьте себя по ключу.

1. После смерти старой графини ... .
   а) Германна долго мучили угрызения совести
   б) Германн быстро забыл о ней
   в) Германну ещё не раз являлась в ночных видениях белая женщина

2. Узнав тайну трёх карт, Германн решил ей воспользоваться и ... .
   а) сразу уехал за границу
   б) уехал в Москву, где у Чекалинского собиралось общество богатых игроков
   в) один его друг познакомил его с Чекалинским, у которого тогда играл в карты весь Петербург

3. Председателем общества игроков был ... .
   а) молодой, но очень опытный в карточной игре господин
   б) богатый мужчина, с весёлым и спокойным характером
   в) немолодой мужчина, который всегда был очень серьёзен

4. В первый вечер Германн ... .
   а) воспользовался тайной старой графини
   б) не смог играть, потому что очень боялся
   в) сошёл с ума

5. Когда Германн поставил на одну карту огромную сумму денег, ...
   а) это всех очень удивило
   б) его друг попытался отговорить его
   в) он поступил, как все игроки, которые собрались за карточным столом

6. По правилам этого общества игроков ... .
   а) достаточно было честного слова, когда кто-то ставил на карту большие деньги
   б) нельзя было ставить на одну карту очень большую сумму
   в) необходимо было показать деньги, которые ставили на карту

7. В первый вечер Германн с первой попытки выиграл, ...
   а) взял деньги и сразу ушёл
   б) получил деньги и продолжил играть
   в) а потом поставил ещё и ещё раз на ту же карту

8. На следующий день военный инженер ... .
   а) снова выиграл с первой попытки и сразу ушёл
   б) играл допоздна и наконец выиграл
   в) сначала внимательно наблюдал за игрой, а потом начал играть сам

9. Когда Германн пришёл в клуб на третий день, ...
   а) игра в карты продолжалась как обычно
   б) все с нетерпением стали наблюдать за ним
   в) Чекалинский был как всегда очень спокоен и вежлив

10. В последний вечер Германн играл ... .
    а) один против всех игроков общества
    б) в огромном зале, где все шумели
    в) один против председателя общества

11. Германн проиграл все свои деньги ... .
    а) и молча вышел из зала
    б) и ему показалось, что пиковая дама улыбалась ему, как графиня
    в) и подумал, что председатель обманул его специально

12. Германн увидел, как пропали все его деньги, ...
    а) и все игроки разошлись по домам
    б) и не мог прийти в себя
    в) взял в долг и продолжил игру

13. Герой повести в конце концов ... .
   а) смог отыграться в карты
   б) сделал блестящую военную карьеру
   в) оказался в сумасшедшем доме

14. Лизавета Ивановна ... .
   а) устроила свою судьбу
   б) от горя заболела тяжёлой болезнью
   в) до сих пор думает о своей первой любви

Ключи
1. б, 2. в, 3. б, 4. а, 5. а, 6. в, 7. а, 8. а, 9. б, 10. в, 11. б, 12. б, 13. в, 14. а

Задания

А

Задание 1. Обратите внимание на то, как образованы слова:

закричать — начать кричать; засмеяться — начать смеяться; закурить — начать курить; занервничать — начать нервничать;

победитель — человек, который побеждает; изобретатель — человек, который что-то изобретает; спаситель — человек, который спасает; посетитель — человек, который что-то посещает;

воспитанница — девочка, девушка, которую воспитывают (ср. воспитанник); помощница — девочка, женщина, которая кому-то помогает (ср. помощник); мечтательница — девушка, женщина, которая о чём-то или о ком-то мечтает (ср. мечтатель); участница — женщина, которая в чём-то принимает участие (ср. участник);

желать добра → доброжелательность; любить труд → трудолюбие; добрая душа → добродушие; восемьдесят лет → восьмидесятилетний; чёрные волосы → черноволосый;

поседеть → стать седым; покраснеть, побледнеть, постареть, похолодеть, поглупеть, поумнеть и т. п.

Задание 2. Найдите соответствия.

1. выйти из себя
2. позволить
3. тяжёлое преступление
4. вовсе нет
5. зарплата
6. беспокойство
7. один за другим

а) жалованье
б) подряд
в) волнение
г) разрешить
д) потерять контроль над собой
е) Чёрта с два!
ж) злодейство

Задание 3. Выразите одним словом.
Модель: человек, который играет в карты — игрок

1. люди одинакового возраста — ...
2. тот, кто умер — ...
3. без свидетелей — ...
4. встреча двух влюблённых — ...
5. человек, который кого-то убил — ...
6. недружелюбное, враждебное отношение — ...

Задание 4. Дополните предложения.
1. Когда графиня проиграла большую сумму денег _____ (герцог Орлеанский), её муж отказался платить, и она долго сердилась _____ (он).
2. После отказа мужа графиня могла только надеяться _____ (помощь) одного богатого друга.
3. При дворе многие смеялись _____ (граф Сен-Жермен), потому что его увлечение алхимией казалось очень странным.

4. История о трёх картах поразила _____ (один военный инженер).

5. Германн по характеру был очень расчётлив и думал, что он не может жертвовать _____ (необходимое).

6. Старая графиня по-прежнему принимала участие _____ (все балы) и, как в молодости, перед балом долго собиралась и одевалась.

7. Старуха привыкла упрекать _____ (всё) _____ (своя воспитанница).

8. В обществе никто не обращал внимания на Лизавету Ивановну, никто _____ (она) не ухаживал, потому что всем было известно, что она бедна.

9. Лизавета Ивановна мечтала о том, что судьба сжалится _____ (она) и она сможет покинуть дом графини.

10. Когда Лизавета Ивановна стала получать от Германна страстные письма, она подумала, что он любит её _____ (память).

11. Когда Сурин принимал какое-то решение, _____ (он) невозможно было сбить с толку.

12. Германн незаметно вошёл в спальню старой графини. Она увидела незнакомца и очень _____ (он) испугалась.

13. Сначала Германн по-хорошему просил _____ (графиня) открыть ему тайну трёх карт. Потом, чтобы повлиять _____ (она), он взял в руки пистолет и закричал.

14. После похорон ночью Германну явилось видение. Старая графиня открыла ему тайну трёх карт и обещала простить _____ (он) свою смерть, если он женится _____ (Лизавета Ивановна).
15. В конце повести её главный герой сходит _____ (ум).

Б
Давайте вспомним, о чём вы читали.

Задание 5. Выберите правильный вариант, подчеркните его:

1. В молодости бабушка Томского 6 месяцев / недолго жила в Париже.
2. Там она случайно / при очень сложных для неё обстоятельствах узнала одну карточную тайну.
3. Ей рассказал об этой тайне граф Сен-Жермен, чтобы она могла отыграться / играть.
4. За всю свою жизнь она ни разу не открыла / только один раз открыла эту тайну.
5. Когда Германн услышал эту загадочную историю, он удивился / сразу забыл о ней.
6. Германн мечтает разбогатеть / сделать блестящую военную карьеру.
7. Германн начинает писать письма Лизавете Ивановне, потому что влюбляется в неё с первого взгляда / надеется с её помощью узнать тайну трёх карт.
8. Германн пришёл в дом графини случайно / по приглашению.
9. Графиня умирает по вине Германна / от старости.
10. Перед смертью старуха забыла / не открыла тайну трёх карт.
11. После смерти графини Германн чувствовал / не чувствовал угрызения совести.
12. Графиня явилась Германну в ночном видении, и он записал / запомнил её слова.

13. Германн проиграл все свои деньги / отыгрался с помощью пиковой дамы.
14. В конце повести Германн выжил из ума / сошёл с ума.

Задание 6. Восстановите хронологическую последовательность событий:

____ А. Графиня отыгралась благодаря одной карточной тайне.

____ Б. Германн не смог воспользоваться тайной графини.

____ В. Лизавета Ивановна назначает Германну свидание.

____ Г. Лизавета Ивановна удачно вышла замуж.

____ Д. Германн ищет способ, чтобы узнать эту тайну.

____ Е. Германн приходит в дом графини и ждёт, пока он останется с ней наедине.

____ Ж. Одной зимней ночью Германн услышал загадочную историю.

____ З. В ночном видении графиня говорит Германну о тройке, семёрке и тузе.

____ И. Много лет назад в Париже графиня проиграла в карты большую сумму денег.

____ К. Германн сошёл с ума.

____ Л. При виде пистолета графиня умирает и уносит с собой свою таинственную историю.

____ М. Военный инженер начинает писать письма воспитаннице графини.

____ Н. Германн долго убеждает графиню, чтобы она рассказала ему тайну трёх карт.

Ответьте на вопросы:

I. Время и место действия.
  1. Где и когда (в какие годы, в каком веке) происходит основное действие повести Пушкина? Какие имена и детали помогли вам ответить на этот вопрос?
  2. О каких событиях прошлого вспоминают в повести? Где и когда они происходили? Можно ли понять сюжет «Пиковой дамы», не зная об этих событиях? Почему?

II. Вспомним о главных героях повести.

- старая графиня
  1. Как её зовут?
  2. Сколько графине лет?
  3. Где и с кем она живёт?
  4. Есть ли у неё родственники?
  5. Что мы узнали о её молодости?
  6. Почему она обратилась за помощью к графу Сен-Жермену?
  7. Как он ей помог?
  8. Удалось ли ей сохранить одну важную тайну, которую она узнала при французском дворе?
  9. Какой у неё характер в старости?
  10. При каких обстоятельствах она умирает?
  11. Что странного происходит на её похоронах?
  12. При каких обстоятельствах её образ появляется на страницах повести после её смерти?

◆ **Лизавета Ивановна**
1. Почему Лизавета Ивановна живёт в доме старой графини?
2. Как она себя чувствует в обществе? Почему?
3. О чём она больше всего мечтает?
4. Как она впервые увидела Германна? Какое впечатление он произвёл на молодую девушку?
5. Как между Германном и Лизаветой Ивановной начинается переписка?
6. Как характеризует Германна его друг Томский, пока он танцует с Лизаветой Ивановной на балу? Она согласна с этим описанием? Когда она вспоминает эти слова?
7. Расскажите о первом свидании Германна и Лизаветы Ивановны.
8. Какова её реакция, когда она узнаёт о смерти графини?
9. Что происходит с ней во время похорон графини? Почему?
10. Как складывается её судьба после смерти графини?

◆ **Германн**
1. Что мы знаем о семье Германна?
2. Кто он по профессии?
3. Опишите его характер.
4. На кого он похож? С какими известными людьми и литературными героями его сравнивают на страницах повести? Почему?

5. Можно ли сказать, что он очень увлекается карточными играми? Он любит играть в карты?
6. Где и когда он узнает историю о трёх картах? Как он реагирует на этот рассказ?
7. Почему он пишет письма Лизавете Ивановне?
8. Как он оказывается в доме графини?
9. Что произошло однажды ночью в спальне графини? Правда ли, что Германн убил графиню?
10. Рассказывает ли Германн кому-нибудь о том, что случилось?
11. Можно ли сказать, что его первое свидание с Лизаветой Ивановной было любовным? Почему?
12. Что испугало Германна на похоронах графини?
13. Как он узнаёт секрет трёх верных карт?
14. Смог ли он воспользоваться этой тайной? Расскажите, почему?
15. Что с ним случилось в конце повести?

Ключи

А

Задание 2.

1. д   2. г   3. ж   4. е   5. а   6. в   7. б.

Задание 3.

1. ровесники   2. покойник   3. наедине   4. свидание
5. убийца   6. недоброжелательность.

Задание 4.

1. ... проиграла герцогу Орлеанскому ..., ... сердилась на него. 2. ... надеяться на помощь ... 3. ... смеялись над графом Сен-Жерменом ... 4. ... поразила одного военного инженера. 5. ... жертвовать необходимым. 6. ... принимала участие во всех балах ... 7. ... привыкла упрекать во всём свою воспитанницу. 8. ... никто за ней не ухаживал ... 9. ... сжалится над ней ... 10. ... любит её без памяти. 11. ... его невозможно было сбить с толку. 12. ... его испугалась. 13. ... просил графиню ... повлиять на неё ... 14. ... обещала простить ему свою смерть, ... женится на Лизавете Ивановне. 15. ... сходит с ума.

Б

Задание 5.

1. ... 6 месяцев жила в Париже. 2. ... при очень сложных для неё обстоятельствах узнала ... 3. ... чтобы она могла отыграться. 4. ... она только один раз открыла

эту тайну. 5. ... он удивился. 6. ... мечтает разбогатеть. 7. ... надеется с её помощью узнать тайну трёх карт. 8. ... пришёл в дом графини по приглашению. 9. ... умирает по вине Германна. 10. ... старуха не открыла тайну трёх карт. 11. ... не чувствовал угрызения совести. 12. ... он записал её слова. 13. Германн проиграл все свои деньги. 14. В конце повести Германн сошёл с ума.

Задание 6.
1. Ж 2. И 3. А 4. Д 5. М 6. В 7. Е 8. Н
9. Л 10. З 11. Б 12. К 13. Г

스페이드 여왕

전문 번역

I

스페이드 여왕은
비밀스러운 악의를 의미한다.

최신 점술서

어느 날 사람들이 장교 나루모프의 집에서 카드놀이를 했다. 길고 긴 겨울밤은 순식간에 흘러가 버리고, 사람들은 새벽 4시가 넘은 시각에 저녁 식사를 하러 식탁에 앉았다. 이긴 사람들은 왕성한 식욕으로 식사를 했고, 나머지는 자신의 빈 접시 앞에 멍하니 앉아 있었다. 그러나 샴페인을 들여오자 대화는 활기를 띠어, 모두들 대화에 참여했다.

"수린, 결과가 어때?" 주인이 물었다.

"늘 그렇듯 잃었다네. 난 운이 없다고 해야겠지. 모험도 안 하고, 절대 흥분하는 일도 없고, 자제력을 잃은 적도 없는데 언제나 잃기만 해!"

"그래서 한 번도 모험을 한 적이 없다고?... 자네의 의지력은 정말 놀랍군."

"게르만은 어떻고!" 손님들 중 하나가 젊은 공병을 가리키며 말했다. "평생 손에 카드를 쥐어 본 적이 없는데, 5시가 될 때까지 우리와 앉아서 게임을 보고 있으니!"

"카드놀이에 관심은 많아." 게르만은 말했다. "하지만 더 이길 수 있으리라는 희망 때문에 꼭 필요한 것을 희생할 수는 없지."

"게르만은 독일인이라 용의주도해. 그래서 그런 거야!" 똠스끼가 말했다. "하지만 이해하기 힘든 사람이 있다면, 그건 나의 할머니 안나 페도또브나 백작부인이지."

"어떻게? 뭐를?" 손님들이 소리쳤다.

"이해가 안 돼." 똠스끼가 이야기를 계속했다. "할머니가 왜 카드놀이를 안 하시는지."

"뭐가 놀랍다는 거지." 나루모프가 말했다. "80대 노파가 카드놀이를 안 한다는 게?"

"그래 자네들은 백작부인에 대해 아무것도 모르는 건가?"

"모르지! 당연히, 아무것도!"

"오, 그럼 들어 보게. 나의 할머니는, 60여 년 전 파리에 가서 엄청난 인기를 누렸지. 사람들은 '모스끄바의 비너스'를 보기 위해 할머니를 쫓아 달려가기도 했어. 저 리슐리외가 구애를 했었는데, 할머니 말씀으로는, 할머니가 너무 냉랭해서 그가 자살할 뻔했었다는군.

당시 귀부인들은 카드놀이에 빠져 있었어. 어느 날 할머니가 궁궐에서 오를레앙 공(公)에게 엄청난 액수를 잃게 되었지. 할머니는 집에 돌아와서 옷을 갈아입으며, 할아버지에게 돈을 잃었다고 말하고는 돈을 내 달라고 했다네.

돌아가신 할아버지는 내가 기억하는 한 매사에 할머니 말에 순종

했어. 할아버지는 할머니를 불처럼 두려워했지. 하지만 그렇게 엄청나게 잃었다는 이야기를 듣고는 자제력을 잃었고, 전표를 들고 그들이 파리에서 반년 동안 50만을 잃었으며, 파리 가까이에는 그들의 소유지인 모스끄바 근교 마을이나 사라또프의 마을이 없으니 돈을 내 줄 수 없다고 거절했다네. 할머니는 버럭 화를 내고는 혼자 잠자리에 들었지.

다음 날 할머니는 자신의 응징이 효과가 있었기를 기대하며 남편을 불러오라고 했지만, 그는 결정을 번복하지 않았어. 생애 최초로 그녀는 남편에게 설명을 해야 했지. 남편에게, 빚에도 다양한 종류가 있으며 대공과 평범한 사람 사이에 어떤 차이가 있는지 증명해야겠다고 생각했지만 안됐어! 할아버지를 납득시키는 것은 불가능했지. 할아버지는 여러 차례 확고하게 안 된다고 했지. 할머니는 어떻게 해야 할지 알 수 없었어.

할머니는 어느 대단한 유명인사와 잘 아는 사이였어. 생제르맹 백작에 대해서 들어는 봤겠지. 사람들이 그에 대해 무척 신기한 이야기들을 하곤 해. 그는 자신이 '철학자의 돌'을 만들었다고 주장했지. 사람들은 그를 비웃었고, 카사노바는 회고록에 그가 스파이라고 쓰기도 했지만, 생제르맹은 그 신비함에도 불구하고, 사교계에서 아주 예의바른 사람이었어. 할머니는 지금까지도 그를 무척 좋아해서 그에 대해서 불손하게 이야기하면 화를 내신다네. 할머니는 생제르맹에게 거액의 돈이 있을 수 있다는 것을 알고 있었어. 그녀는 그에게 도움을 요청하기로 결심했지. 그에게 전갈을 보내어 지체 없이 자신을 방문해 달라고 부탁했네.

나이 든 백작은 즉각 나타나서는 할머니가 엄청난 슬픔에 빠져 있는 것을 보았지. 할머니는 남편이 그녀를 돕기를 완전히 거부했다고 설명하고는, 그의 우정과 도움을 간절히 희망한다고 마침내 털어놓았어.

생제르맹은 곰곰이 생각을 했다네.

'저는 이 돈을 당신께 드릴 수도 있습니다.' 그는 말했어. '하지만 당신이 이 돈을 저에게 돌려줄 때까지 당신의 마음이 편치 않으리라는 것을 알고 있고, 저는 당신이 불편하기를 바라지 않습니다. 다른 방법이 있어요. 당신은 돈을 다시 딸 수 있습니다.' '하지만 친애하는 백작님,' 할머니는 답했어. '우리는 돈이 전혀 없다고 말씀 드렸는데요.' '돈은 필요 없습니다.' 백작은 말했다. '제 말을 주의 깊게 들어주시기 바랍니다.' 그러고는 그는 할머니에게 비밀을, 우리 중 누구라도 그것을 위해 거금을 낼 수 있는 비밀을 알려주었지...

젊은 노름꾼들은 한층 주의 깊게 듣기 시작했다. 톰스끼는 담배를 피워 물더니 이야기를 계속했다.

바로 그날 밤 할머니는 베르사이유 궁전에서 열린 여왕의 노름판에 나타났어. 오를레앙 공이 카드놀이를 하고 있었지. 할머니는 그에게 빚진 돈을 가져 오지 않았음을 사과하고 그와 카드놀이를 하기 시작했네. 그녀는 세 장의 카드를 골라서는 차례로 한 장씩 내어놓았어. 세 장의 카드는 첫 번째 게임에서부터 이겼고, 할머니는 잃었던 돈을 다시 땄다네."

"우연이겠지!" 손님 중 한 사람이 말했다.

"꾸며낸 얘기야!" 게르만이 말했다.

"어쩌면 특별한 카드였을지도?" 세 번째 사람이 덧붙였다.

"그건 아닐 거라고 생각하네." 톰스끼가 위엄 있게 답했다.

"어떻게!" 나루모프가 말했다. "자네의 할머니가 세 장의 카드를 순서대로 맞출 수 있는데, 자네는 지금까지 그 비밀을 알아내지 않았단 말인가?"

"그게 완전히 불가능하거든!" 톰스끼는 답했다. "할머니에게는 네 명의 아들이 있었고, 그중에는 나의 아버지도 있었지. 다들 노름꾼이어서, 그들에게 또 심지어 나를 위해서도 좋았을 텐데도 불구하고 할머니는 아무에게도 비밀을 알려주지 않았어. 하지만 숙부 이반 일리치 백작이 나에게 해 준 이야기가 있지. 저 수백만 루블을 잃고 가난 속에 세상을 떠난 차쁠리쯔끼가 젊은 시절에 근 삼십만을 잃었다는 거야. 그는 모든 희망을 잃고 말았어. 젊은이들에게 늘 엄격했던 할머니가 웬일인지 차쁠리쯔끼를 불쌍히 여기셨어. 할머니는 그에게 차례로 내어 놓도록 세 장의 카드를 주시고는 절대 다시는 노름을 하지 않겠다는 약속을 받았네. 차쁠리쯔끼는 자기를 이긴 사람에게 가서 카드놀이를 시작했지. 차쁠리쯔끼가 첫 번째 카드를 내어 놓고 5만을 따서 이겼지. 두 번째 카드로는 그 두 배를, 세 번째 카드로는 네 배를 땄다네... 그렇게 잃은 돈을 모두 되찾고 오히려 더 따기까지 했다는군..."

그런데 때는 이미 잠자리에 들 시간이었다. 이미 5시 45분이었던 것이다.

정말로 이미 아침이 되었다. 젊은이들은 자신의 샴페인을 다 마시고는 헤어졌다.

문제

알맞은 답을 골라 문장을 완성 후 정답을 확인하시오.

1. 게임을 마친 후 장교들은 식탁에 모여서 ... .
   а) 마지막 승리에 대해 오랫동안 논의하고 있다
   б) 맛있게 식사를 하고 있다
   в) 한 동료의 이야기를 흥미롭게 듣고 있다

2. 게르만은 카드놀이를 하지 않았다. 왜냐하면 ... .
   а) 카드놀이의 규칙을 몰랐기 때문이다
   б) 카드놀이에 관심이 없기 때문이다
   в) 그러기엔 자신에게 돈이 별로 없다고 생각했기 때문이다

3. 카드의 비밀과 안나 페도또브나 공작부인에 대한 이야기를 한 사람은 ... .
   а) 그녀의 먼 친척이다
   б) 그녀의 손자이다
   в) 그녀와 함께 프랑스 궁정에 있었던 장교이다

4. 백작부인이 프랑스 궁정에 있었을 때 ... .
   а) 많은 이들은 그녀가 남편을 배신했다고 비난했다
   б) 모두들 그녀의 비범한 아름다움에 대해 이야기했다
   в) 오를레앙 공작이 그녀에게 구애를 하였다

5. 한번은 백작부인이 오를레앙 공에게 거액의 돈을 잃게 되자 ... .
   а) 자신의 정부에게 도움을 구하기로 결심했다
   б) 즉시 남편에게 돈을 잃었다고 이야기했다
   в) 이 사실을 남편에게 인정하는 것을 두려워했다

6. 남편은 그녀에게서 거액의 카드놀이 빚에 대해 알게 되자 ... .
   а) 그만한 액수의 돈이 없다며 지불을 거절했다
   б) 그녀를 매우 두려워했기 때문에 그녀에게 서둘러 돈을 주었다
   в) 처음에는 화를 내었지만 후에는 도와주었다

7. 백작부인은 신비로운 생제르맹 백작에게 도움을 청하기로 결심했다, 왜냐하면 ... .
   а) 사람들이 그녀에게 그렇게 하라고 충고하였기 때문이다
   б) 그는 그녀에게 구애하고 있었으며 거절할 수 없었기 때문이다
   в) 그녀는 그와 가까운 사이였으며, 그가 매우 부유하다는 것을 알고 있었기 때문이다

8. 생제르맹 백작은 ... .
   а) 그녀가 신경질을 부리지 않기를 원했기 때문에 지체 없이 돈을 주었다
   б) 그녀에게 한 가지 조언을 하였다
   в) 오를레앙 공작에게 이 카드놀이 빚을 탕감해달라고 부탁하였다

9. 생제르맹 백작과 만난 후 백작부인은 베르사이유 궁으로 가서 ... .
   а) 바로 첫날 저녁 잃었던 돈을 다시 땄다
   б) 빚을 갚았다
   в) 모두와 영원히 작별하였다

10. 세 카드의 비밀을 ... .
   а) 백작부인은 절대 아무에게도 말하지 않았고 시간이 흐르자 잊어버렸다
   б) 계산적인 백작부인은 손자들을 위해 잘 간직해 두었다
   в) 백작부인은 불행한 젊은 노름꾼에게 단 한 번 말해 주었다

II

 늙은 *** 백작부인은 집의 거울 앞에 앉아 있었다. 세 명의 처녀가 그녀의 주변에 서서 옷을 입고 준비하는 것을 도와주고 있었다. 백작부인은 아름다움이 돌아오지 않는다는 것을 알고 있었지만, 젊은 날의 습관을 그대로 간직했고 70년대의 유행을 엄격히 따라서 60년 전과 같이 똑같이 오래오래 주의 깊게 치장을 했다. 창가에는 그녀의 양녀가 앉아서 바느질을 하고 있었다.

 "안녕하세요, 할머니(Grand'maman)!" 들어서며 젊은 장교가 말했다. "안녕하세요, 리자 양(Bon jour, mademoiselle Lise). 할머니(Grand'maman), 부탁이 있어요."

 "뭐니, 폴^(파벨의 프랑스식 이름)?"

 "내 친구들 중 한 사람을 소개해 드리고, 금요일 무도회에서 할머니께 데려가도 될까요?"

 "무도회로 바로 데려와서 나에게 직접 소개하렴. 어제 *** 댁에 갔었니?"

 "당연하죠! 아주 즐거웠어요. 다섯 시까지 춤췄죠. 옐레쯔까야가 얼마나 예쁘던지!"

 "저런, 얘야! 걔가 어디가 예쁘니? 걔의 할머니, 다리야 뻬뜨로브나도 꼭 그랬었지? 참, 아마 다리야 뻬뜨로브나도 벌써 많이 늙었겠지?"

"늙었냐고요?" 무심히 똠스끼는 대답했다. "7년 전에 돌아가신걸요."

양녀는 고개를 들고 젊은이에게 신호를 했다. 그는 늙은 백작부인에게 동년배들의 죽음에 대해 말하지 않았다는 것을 기억하고는 침묵했다. 그러나 백작부인은 이 소식을 대단히 침착한 태도로 들었다.

"죽었다고!" 그녀는 말했다. "나는 몰랐구나! 우리는 함께 궁정생활을 시작했지, 우리가 인사드리러 갔을 때 여제께서..."

백작부인은 손자에게 자신의 일화를 100번째로 이야기해 주었다.

"그런데, 폴" 그 후 그녀는 말했다. "이제 내가 일어나는 걸 도와주렴."

백작부인은 처녀들과 옷을 입으러 갔다. 똠스끼는 양녀와 함께 남았다.

"소개하고 싶다는 사람이 누구예요?" 조용히 리자베따 이바노브나가 물었다.

"나루모프입니다. 아시나요?"

"아뇨! 그 사람은 군인인가요?"

"군인이죠."

"공병인가요?"

"아닙니다! 그런데 당신은 왜 그가 공병이라고 생각했죠?"

리잔까는 빙긋 웃고는 대답하지 않았다.

"폴!" 백작부인은 소리쳤다. "나에게 뭐든 새로운 소설을 보내 주렴, 다만 요즘 소설은 말고."

"그건 왜죠, 할머니(grand' maman)?"

"그러니까 주인공이 아버지도 어머니도 죽이지 않고, 죽은 사람이 절대 안 나오는 그런 소설 말이야. 나는 죽은 사람이 너무 무섭다!"

"그런 소설은 요즘 없어요. 러시아 소설은 원하지 않으세요?"

"러시아 소설이 있기는 하니? 보내 주렴, 보내 줘."

"죄송해요, 할머니! 저는 이제 급히 가야 해요... 죄송해요, 리자베따 이바노브나! 당신은 대체 왜 나루모프가 공병이라고 생각한 거죠?"

그리고 똠스끼는 방에서 나갔다.

리자베따 이바노브나는 혼자 남았다. 그녀는 일감을 놓아 두고 창밖을 바라보기 시작했다. 이내 건물의 모퉁이에서 길가로 젊은 장교가 나왔다. 그녀의 양 볼에 홍조가 떠올랐고, 그녀는 다시 일을 하기 시작했다. 그때 백작부인이 완전히 옷을 다 입은 채로 들어왔다.

"분부해라, 리잔까," 그녀가 말했다. "마차를 준비하라고, 그리고 산책하러 가자꾸나."

리잔까는 일어나서 일하던 것을 치우기 시작했다.

"너 뭐하는 거니, 얘, 가는귀가 먹기라도 했니?" 백작부인이 소리쳤다. "마차 대령하라고 얼른 말하라니까."

"바로 할게요!" 조용히 양녀는 답하고는 복도를 향해 달려갔다.

하인이 들어와서 백작부인에게 똠스끼가 보낸 책을 건넸다.

"잘됐군. 고마워." 백작부인이 말했다. "리잔까, 리잔까! 너 어디로 달려가는 게냐?"

"옷 입으려고요."

"시간 여유 있잖니, 아이고. 여기 앉아라. 1권을 펼쳐 소리 내서 읽어 봐..."

리잔까는 책을 들고 조금 읽었다.

"더 크게!" 백작부인이 말했다. "너 무슨 일이니, 맙소사? 목소리를 잃어버리기라도 한 거냐?.. 응!"

리자베따 이바노브나는 두 페이지를 더 읽었다. 백작부인은 그만 지루해졌다.

"이 책은 그만둬." 그녀는 말했다. "이게 다 무슨 바보 같은 소리야! 이걸 내 손자에게 돌려주고 감사 인사를 해라... 마차는 어떻게 됐지?"

"마차는 준비됐어요." 거리 쪽을 본 후, 리자베따 이바노브나는 말했다.

"너는 왜 외출복을 안 입고 있니?" 백작부인은 말했다. "노상 너를 기다려야 하는구나!"

리자는 자기 방으로 달려갔다. 2분도 채 지나지 않았을 때, 백작부인은 온 힘을 다해 종을 울리기 시작했다. 세 명의 하녀가 한쪽 문으로 달려 들어왔고 하인이 다른 문으로 달려왔다.

"왜 종소리를 안 듣는 거야?" 그들에게 백작부인이 말했다. "리자베따 이바노브나에게 내가 기다리고 있다고 말해."

리자베따 이바노브나가 외투를 입고 모자를 쓴 차림으로 들어왔다.

"드디어, 맙소사!" 백작부인이 말했다. "너 옷차림이 왜 그러니?

뭐하려고? 누구한테 잘 보이려고? 날씨가 어떻지? 바람 부는 것 같은데."

"아니에요. 아주 조용합니다." 하인이 답했다.

"너희들은 늘 생각해 보지도 않고 말해. 창문을 좀 열어 봐. 역시 그렇지. 바람이 부는군! 그리고 아주 추워. 마차 필요 없다. 리잔까, 우리는 안 갈 거야. 옷 입을 필요 없었어."

'내 인생은 늘 이런 식이지!' 리자베따 이바노브나는 생각했다.

정말로 리자베따 이바노브나는 몹시 불행했다.

남의 빵은 쓰다고 단테가 말하지만, 과연 누가 얹혀사는 서러움을 가난한 양녀만큼 잘 알겠는가? *** 백작부인은 물론 악한 사람은 아니었지만 한때 사람들의 사랑을 받았고, 이미 현재를 살지 않는 모든 나이 든 사람들이 그렇듯 이기적이었다. 그녀가 모든 무도회에 들러서, 옛 유행에 따른 옷을 입고 무도회장에 꼭 필요한 장식물처럼 구석에 앉아 있으면, 무도회에 온 사람들 모두는 그녀에게 다가와 고개 숙여 절한 후, 아무도 그녀에게 신경 쓰지 않았다. 그녀는 아무도 알아보지 못하면서 자신의 집에 온 도시 사람들을 초대하곤 했다. 백작부인의 수많은 하인들은 그녀의 집에서 백발이 되고 늙어 가면서 자신이 하고 싶은 대로 일했다. 리자베따 이바노브나는 집안의 희생양이었다. 그녀가 소설을 낭독하면 작가의 실수가 그녀의 잘못이 되었다. 그녀가 백작부인과 산책할 땐 날씨와 도로 상태가 그녀의 책임이었다. 그녀에게 급료를 주기로 약속했지만 한 번도 주는 법이 없었다. 그럼에도 그녀에게 다른 사람들처럼 옷 입기를, 즉 아주 소수의 사람들처럼 차려입기를 요구했다. 사교계에서 그녀는 가장 불쌍한 역할을 맡고 있었다. 모두가 그녀를 알았지만 아무도 그녀를 주목하지 않았다. 그녀는 무도회에서 춤 상대를 찾다 없을 때에만 춤을 추었다. 그녀는 자존심이 강했고, 자신의 처지를 잘 느끼고 있었으며, 초조히 구원자를 기다리며 주변을 둘러보았다. 그러나 계산적인 젊은이들은 그녀가 그들이 구애하는 차가운 미인들보다 백배나 사랑스러움에도 불구하고 그녀에게 주의를 기울이지 않았다. 지루하고 화려한 거실에서 조용히 떠나 울기 위해 자신의 초라한 방으로 갔던 적이 몇 번이었던가!

어느 날 — 이 일은 이 소설의 시작 부분에 묘사된 사건이 있던 밤으로부터 이틀 후이며, 우리가 머무르고 있는 장면의 1주 전에 일어났다 — 어느 날 리자베따 이바노브나는 창가에 앉아 우연히 거리를 바라보다가 움직임 없이 서서 주의 깊게 그녀의 창문을 바라보고 있는 젊은 공병을 보았다. 그녀는 다시 일을 하기 시작했고, 5분이 지난 후 다시 보니, 젊은 장교가 같은 자리에 서 있었다. 거리를 지나다니는 장교들과 시시덕거리는 습성이 없는 그녀는 창문을 바라보는 것을 중지하고 근 두 시간 여를 머리를 들지 않고 바느질을 했다. 하인들이 식사를 내왔다. 그녀는 일어나서 일하던 것을 치우기 시작했고, 우연히 거리 쪽을 보다가 다시 장교를 발견했다. 이 일은 그녀에게 기이하게 느껴졌다. 식사 후 그녀는 다소 불안한 마음으로 창가로 다가갔지만 장교는 이미 자리에 없었고, 그녀는 그에 대해 잊어버렸다...

이틀 후 백작부인과 외출하여 마차에 타면서 그녀는 다시 그를 보았다. 그는 현관 바로 옆에 서 있었으며, 얼굴은 거의 보이지 않앉지만, 그의 검은 눈은 모자 아래서 불타고 있었다. 리자베따 이바노브나는 몹시 놀라서는, 스스로도 이유 모를 흥분을 느끼며 마차에 탔다.

집에 돌아온 후 그녀는 창문으로 다가갔다. 장교는 같은 자리에 서서 주의 깊게 그녀를 바라보고 있었다. 그녀는 자신에게 완전히 새로운 감정을 느끼며 물러섰다.

그때부터 젊은이는 하루가 멀다 하고 정해진 시간에 집 창가에 나타났다. 그녀는 자기 자리에 앉아서 일을 하면서도 그가 다가오는 것을 느꼈다. 고개를 들어 그를 매일 더 길게 바라보았다. 젊은이는 이에 대해 그녀에게 감사하는 것 같았다. 그녀는 젊은이의 날카로운 눈길로, 그들의 시선이 만났을 때, 매번 그의 창백한 볼에 빠르게 홍조가 나타나는 것을 보았다. 한 주가 지난 후 그녀는 그에게 미소 지었다...

똠스끼가 백작부인에게 친구를 소개하도록 허락해 달라고 이야기했을 때, 가련한 처녀의 심장은 두근거리기 시작했다. 그러나 나루모프가 공병이 아니라는 것을 알고 그녀는 주제넘은 질문을 해서 똠스끼가 자신에게 비밀이 있다는 것을 알게 한 것을 후회하였다.

게르만은, 러시아에 오래 거주했고 그에게 소액의 유산을 물려준 독일인의 아들이었다. 게르만은 자신의 독립성을 더 키워야 한다고 생각하고, 돈을 빌리거나 하는 일 없이 월급으로만 살아가면서 잉여의 것은 스스로에게 전혀 허락하지 않았다. 그러나 그는 자존심이 강해서 자신의 사정에 대해 이야기하지 않았으므로, 동료들은 그의 지나친 절약을 놀릴 기회가 없었다. 그는 불같은 상상력을 가지고 있었지만 굳건한 의지 덕택에 보통 청년들이 겪는 방종을 피해갈 수 있었다. 예를 들면 그는 마음으로는 도박꾼이었지만, 그의 재산이 (그가 늘 말했듯) 더 늘어나리라는 희망 때문에 필요한 것을 희생하도록 허락하지 않았기 때문에, 절대 손에 카드를 쥐지 않았다. 그럼에도 불구하고 그는 밤새도록 카드 탁자 옆에 앉아서 강렬한 스릴을 느끼며 카드 게임을 바라보곤 했다.

세 장의 카드에 대한 이야기는 그의 상상력에 강렬하게 작용했으며 밤새도록 그의 머릿속을 떠나지 않았다. '만일,' 그는 다른 날 저녁, 뻬쩨르부르그를 산책하며 생각했다. '늙은 백작부인이 나에게 자신의 비밀을 알려 준다면! 아니면 나에게 이 늘 이기는 카드의 이름을 말해 준다면! 자신의 행운을 시험해보는 것이 왜 안 될까? 그녀에게 나를 소개하고 그녀의 마음에 든다면, 아마도 그녀의 애인이 될 수도 있겠지. 그런데 이 모든 일엔 시간이 필요한데 그녀는 87세이고, 일주일 후, 이틀 후에라도 죽을 수 있거든!... 그런데 이 이야기는?... 신빙성이 있을까? 아니야! 계산, 낭비 없는 소박한 삶, 근면함, 이것이 나의 충실한 세 장의 카드지. 이것이 내 재산을 세 배, 일곱 배로 불려서 나에게 평온과 독립을 가져다 줄 거야.'

노파의 비밀에 대해 생각하면서 그는 뻬쩨르부르그의 어느 중심 거리, 고풍스런 양식의 건물 앞까지 오게 되었다. 거리에는 여러 대의 마차가 서 있었고, 그들은 연이어 불이 밝혀진 현관으로 다가갔다. 마차에서는 많은 사람들이 내렸다. 모두들 아름답고 부유한 옷차림이었다. 게르만은 멈춰 섰다.

"여기가 누구의 저택인가?" 그는 물었다.

"*** 백작부인 댁입니다." 라는 답을 그는 들었다.

  게르만은 몸을 떨었다. 놀라운 이야기가 다시금 그의 상상력을 사로잡았다. 그는 여주인과 그녀의 비밀에 대해 생각하며 집 부근을 서성이기 시작했다. 그는 자신의 작은 아파트로 늦게 돌아온 후 오랫동안 잠들지 못했으며, 꿈속에서 녹색 탁자와 많은 돈을 보았다. 그는 카드를 한 장 한 장 내 놓아 계속해서 이겼으며, 황금을 가져가고, 주머니에 돈을 집어넣었다. 그는 늦게 일어나서는 자신의 환상적인 부가 사라진 것에 대해 슬프게 생각한 후, 다시 도시를 산책하러 나가서, 또 다시 *** 백작부인의 집 앞에 있게 되었다. 마치 어떤 이상한 힘이 그를 이 집으로 인도하는 것 같았다. 그는 멈춰 서서 창문을 바라보기 시작했다. 한 창문에서 그는 흑발의 작은 머리를 보았다. 머리가 살짝 올라갔다. 게르만은 신선한 작은 얼굴과 검은 눈을 보았으며, 이 순간이 그의 운명을 결정하였다.

문제

알맞은 답을 골라 문장을 완성 후 정답을 확인하시오.

1. 똠스끼는 ... 백작부인에게 왔다.

    a) 그녀에게 무언가 부탁하기 위해

    б) 그녀의 안부를 묻기 위해

    в) 그녀에게 새로운 책들을 갖다 주기로 약속했기 때문에

2. 손자가 그녀의 집에 왔을 때, 백작부인은 ... .

    a) 아직 자고 있었다

    б) 산책을 가려고 하였다

    в) 무도회에 갈 준비를 하고 있었다

3. 80세의 늙은 백작부인은 ... .

    a) 주의 깊게 자신의 외모를 가꾸었다

    б) 옷에는 주의를 기울이지 않았다

    в) 젊은 날의 유행을 따르고 있었다

4. 우연히 동년배의 죽음에 대해 알게 된 후 노파는 ... .

    a) 이에 대해 가볍게 이야기할 수 있었다

    б) 울음을 터뜨렸고 자신의 젊은 날을 회상했다

    в) 이에 대해 더 일찍 이야기하지 않았다고 화를 냈다

5. 몇 번이나 자신의 결정을 번복했던 날에 백작부인은 ... .
   а) 밖은 춥기 때문에 집에 머물렀다
   б) 마침내 산책을 나갔다
   в) 독서를 위해 프랑스 소설을 골랐다

6. 백작부인은 ... 고풍스러운 대저택에서 살았다.
   а) 아이들, 손자들과 함께
   б) 홀로, 그러나 그녀에게 손님들이 자주 왔다
   в) 가난한 양녀와 함께

7. 양녀 리자베따 이바노브나는 ... .
   а) 크고 부유한 집에서 어려움 없이 살아서 아쉬운 점이 없었다
   б) 노파를 안타깝게 여기고 물심양면으로 그녀를 도왔다
   в) 불행하게 느끼고 있었으며 가능한 빨리 이 집을 떠나기를 바랬다

8. 젊은이들은 리자베따 이바노브나에게 관심을 기울이지 않았다, 왜냐하면 ... .
   а) 그녀가 아름답지 않았기 때문이다
   б) 그녀가 가난했기 때문이다
   в) 그녀의 나이가 많았기 때문이다

9. 얼마 전부터 백작부인의 창가에 항상 리자베따 이바노브나를 바라보고 있는 수수께끼 같은 젊은 장교가 나타났다. ... .
   а) 그리고 그녀는 처음에는 어떻게 해야 할지 몰랐으나, 이후에는 그를 기다리고 있었다
   б) 그러나 그녀는 너무 일이 많아서 그를 알아차리지 못했다
   в) 그러나 이것은 그녀가 교태를 부리는 것을 좋아하지 않았기 때문에 그녀의 흥미를 끌지 못했다

10. 장교는 한 주 내내 백작부인의 집 부근으로 갔으며, 리자베따 이바노브나는 ... .
    а) 비밀리에 그에게 짧은 편지를 보냈다
    б) 더 이상 그를 보고 싶지 않다는 것을 그에게 알게 하였다
    в) 그와 눈짓을 교환하기 시작했다

11. 게르만은 ... .
    а) 계산적인 사람으로 가능한 돈을 적게 쓰려고 노력했다
    б) 극심한 빈곤 속에 살고 있어 아무것에도 돈을 쓸 수 없었다
    в) 아버지가 남겨준 유산으로 살고 있었다

12. 게르만은 ... 꿈꾸었다.
    а) 부유해지기를
    б) 출세하기를
    в) 이익이 되는 결혼을 하기를

13. 게르만은 ... .
    а) 일하는 것을 좋아하지 않았고 요행을 바랐다
    б) 아주 원기왕성하고 검소했다
    в) 수다스럽고 자존심 강하며 경솔한 젊은이였다

14. 세 장의 카드에 대한 이야기를 들은 후 공병 장교는 ... .
    а) 이 비밀에 대해서 거의 즉시 잊어버렸다
    б) 어떻게 이것을 이용해서 자산을 불릴지 오랫동안 생각했다
    в) 이 비밀을 알아내기 위해 80 노파의 애인이 되기로 결심했다

15. 게르만은 ... 백작부인의 집 옆에 있게 되었다.

   а) 우연히

   б) 오랫동안 가는 길을 찾았기 때문에

   в) 똠스끼가 그를 초대했기 때문에

16. 백작부인의 저택은 ... 위치하고 있다

   а) 모스끄바에

   б) 뻬쩨르부르그에

   в) 러시아 제국의 어느 지방 도시에

17. 게르만이 다시 한번 백작부인의 저택으로 돌아왔을 때, 그는 창문에서 젊은 여인의 얼굴을 발견했고 ... .

   а) 이 아가씨를 알고 있었기에 무척 놀랐다

   б) 더 이상 이곳으로 오지 않는 것이 좋다는 것을 알게 되었다

   в) 그의 삶을 바꿀 수 있는 결정을 하게 되었다

정답

1.а 2.б 3.в 4.а 5.а 6.в 7.в 8.б 9.а 10.в 11.а 12.а 13.б 14.б 15.а 16.б 17.в

III

리자베따 이바노브나가 외투와 모자를 벗자마자, 백작부인은 그녀를 부르러 사람을 보내서는 다시 마차를 준비하라고 분부했다. 그들은 마차를 타러 갔다. 두 명의 하인이 노파를 들어 올려 마차 안에 태웠을 때, 리자베따 이바노브나는 마차 바로 옆에서 자신의 공병을 발견하였다. 그는 그녀의 손을 잡았고, 그녀는 몹시 놀랐다. 젊은이는 빠르게 자리를 떠났고, 편지가 그녀의 손에 남았다. 그녀는 편지를 장갑에 넣었다. 가는 길 내내 아무것도 보이지 않고 들리지 않았다. 백작부인은 평소 마차를 타면 종종 질문하는 습관이 있었다. 우리랑 만난 이 사람은 누구냐? 이 다리 이름이 뭐지? 저기 뭐라고 써 있니? 오늘 리자베따 이바노브나는 아무 생각 없이 적절하지 않은 대답을 해서 백작부인은 그만 화를 내고 말았다.

"너 대체 무슨 일이니, 맙소사! 너 내 말을 안 듣는 거냐, 아니면 들어도 이해를 못하는 거냐? 다행히도 나는 발음이 아주 정확하고 아직 노망도 안 들었다고!"

리자베따 이바노브나는 그녀의 말을 듣지 않았다. 집으로 돌아온 후 자기 방으로 달려가서 편지를 꺼냈다. 편지는 봉해지지 않았다. 리자베따 이바노브나는 편지를 끝까지 읽었다. 편지는 사랑의 고백이었다. 편지는 정답고 정중했으며 전부 독일 소설에서 베낀 것이었다. 그러나 리자베따 이바노브나는 독일어를 몰랐고, 편지에 무척 만족했다.

그러나 그녀가 받은 편지는 그녀를 몹시 불안하게 만들었다. 그녀는 처음으로 젊은 남자와 비밀스러운 관계에 들어간 것이었다. 그의 대담함은 그녀를 아연하게 했다. 그녀는 조심스럽지 않은 처신을 자책했고 어떻게 해야 할지 알 수 없었다. 창가에 앉거나 젊은 장교에게 관심을 두는 것을 그만 두어야 할까? 그에게 편지를 돌려줄까? 차갑고 단호하게 답장을 할까? 그녀는 여자 친구가 없었기에 상의할 사람이 없었다. 리자베따 이바노브나는 답장을 하기로 결정했다.

그녀는 책상에 앉아서 종이를 꺼낸 후 생각에 잠겼다. 그녀는 편지를 쓰기 시작했다가 찢어버리기를 거듭했다. 때로는 너무 부드러운 것 같았고, 때로는 너무 잔혹한 것 같았다. 마침내 그녀는 편지에 마음에 드는 몇 단어를 쓸 수 있었다. '저는 당신의 생각이 정직하고 저를 모욕하려고 하지 않는다는 것을 믿습니다. 그러나 우리의 만남은 이렇게 시작되어서는 안 됩니다. 앞으로는 저에게 당신의 무례로 인해 당신께 불평할 일이 없기를 바라며 당신께 편지를 돌려드립니다.'

다음 날, 리자베따 이바노브나는 거리에서 게르만을 보고 바느질을 멈추고 일어나 홀 밖으로 나가서, 젊은 장교가 편지를 빨리 발견하기를 바라며 창문을 조금 열고 편지를 거리로 던졌다. 게르만은 달려와서 편지를 집어 들고 가게로 들어갔다. 봉투를 연 후 그는 자신의 편지와 리자베따 이바노브나의 편지를 발견했다. 그는 이것을 기다렸고, 이 이야기에 대해 몰두하여 생각하며 집으로 돌아갔다.

3일 후 리자베따 이바노브나에게 젊은 프랑스 여자가 의상점에서 보내온 편지를 가져왔다. 리자베따 이바노브나는 자신에게 돈을 요구하지 않을까 하는 불안한 마음으로 편지를 열었는데, 갑자기 게르만의 필적을 알아보았다.

"아가씨, 잘못 오셨네요." 그녀는 말했다. "이건 저에게 온 게 아닌데요."

"아뇨, 정확하게 당신께 온 건데요!" 당돌한 처녀는 웃으며 말했다. "읽어 보세요!"

리자베따 이바노브나는 급히 편지를 읽어 보았다. 게르만이 만나자고 요구하고 있었다.

"그럴 리가요!" 리자베따 이바노브나는 경악 속에서 말했다.

"이 편지는 저에게 쓴 것이 아니에요!" 하고 말하고는 편지를 갈기갈기 찢어버렸다.

"이게 당신께 쓴 것이 아니면, 왜 이걸 찢어버렸죠?" 라고 프랑스 여자가 말했다. "내가 그 편지를 쓴 사람에게 돌려줬을 텐데요."

리자베따 이바노브나는 이 말을 듣고 얼굴을 붉혔다.

"부탁이에요, 아가씨!" 그녀는 말했다. "더 이상 저에게 편지를 가져오지 마세요. 당신을 보낸 이에게 말해 주세요. 부끄러워해야 한다고요…"

그러나 게르만은 멈추지 않았다. 리자베따 이바노브나는 그로부터 매일 편지를 받았다. 게르만은 이미 독일 소설을 번역하지 않고, 자신의 바람과 상상력의 힘으로 스스로 썼다. 리자베따 이바노브나는 더 이상 그에게 편지를 돌려주려 생각하지 않았다. 그녀는 기쁘게 그의 편지를 읽었고 그의 편지에 답을 하기 시작했으며, 그녀의 편지는 점점 더 길어지고 다정해졌다. 마침내 그녀는 창을 통해 다음과 같은 편지를 던졌다.

오늘 *** 대사 댁에서 무도회가 있어요. 백작부인은 거기 계실 거예요. 우리는 2시까지 머무를 거고요. 저와 단둘이 만날 수 있는 기회가 있어요. 백작부인이 떠나시자마자 모든 하인들은 아마도 다 흩어지고 현관에는 한 명만 남겠지만, 그도 보통은 자기 방으로 간답니다. 11시 반에 오세요. 계단으로 바로 오세요. 만일 당신이 누군가를 현관에서 만나게 되면, 이 집이 백작부인의 집이냐고 물어보세요. 당신에게 아니라고 하면 어쩔 수 없어요. 당신은 돌아가야 해요. 하지만 아마 당신은 아무도 마주치지 않을 거예요. 하녀들은 자기 방에 있어요, 모두 한방에 있죠. 복도로부터 왼쪽으로 가서 곧장 백작부인이 주무시는 침실까지 가세요. 침실에서 작은 문 2개를 보게 될 거예요. 오른쪽 문은 백작부인이 평소 들어가는 일이 없는 서재로 통해요. 왼쪽에는 복도로 나가는 문이 있고, 바로 거기에 제 방으로 이어지는 작고 좁은 계단이 있어요.

게르만은 약속 시간을 기다리며 호랑이처럼 몸을 떨었다. 이미 밤 10시에 그는 백작부인의 저택 앞에 서 있었다. 날씨는 매우 사나

웠다. 강한 바람이 불고 눈이 왔다. 거리는 텅 비어 있었다. 게르만은 외투 없이 바람도 눈도 느끼지 못하며 서 있었다. 마침내 백작부인의 마차가 준비되었다. 게르만은 하인들이 그녀를 안아서 집밖으로 옮기는 것과 그녀의 양녀가 얇은 외투를 입고 그녀를 뒤따라가는 것을 보았다. 마차의 문은 닫혔고 마차는 눈 쌓인 길을 따라 무겁게 출발했다. 백작부인의 저택은 어두워졌다. 게르만은 저택 주변을 어슬렁거렸다. 그는 시계를 보았다. 11시 20분이었다. 그는 남은 시간이 지나갈 때까지 시계를 보며 오래 서서 기다렸다.

정확히 11시 30분에 게르만은 저택으로 들어갔다. 불빛이 빛나고 있었고, 현관에 하인은 없었다. 게르만은 계단을 따라 올라가서 복도로 통하는 문을 열고, 등잔 아래, 고풍스런 더러운 팔걸이의자에 앉아 잠들어 있는 하인을 보았다. 경쾌하면서도 확고한 발걸음으로 게르만은 그 곁을 스쳐 지나갔다. 홀과 거실은 어두웠다. 복도에서 들어오는 불빛이 이들을 흐릿하게 밝히고 있었다. 게르만은 침실로 들어갔다. 낡은 의자들과 소파들이 벽 가까이 서글픈 대칭형을 이루며 늘어서 있었다. 벽에는 파리에서 마담 르브룅이 그린 초상화가 두 점 걸려 있었다. 하나는 훈장이 달린 밝은 초록색 제복을 입은, 볼이 불그레하고 뚱뚱한 40살 정도의 남자를 그린 것이었다. 다른 하나는 머리에 장미꽃을 꽂은 젊은 미녀를 그린 것이었다. 방바닥에는 작은 철제 침대가 놓여 있었고 오른쪽에는 서재로 통하는 문이, 왼쪽에는 복도로 이어지는 문이 있었다. 게르만은 그 문을 연 후, 가련한 양녀의 방으로 이어지는 좁은 계단을 보았다. 그러나 그는 돌아와 어두운 서재로 들어갔다.

시간은 느리게 흘러갔다. 모든 것이 고요했다. 거실에서 시계가 12시를 쳤고, 모든 방에서 시계들이 하나하나 12시를 쳤다. 그러고는 다시 고요했다. 게르만은 평안했다. 그의 심장은 무언가 위험하지만 하지 않을 수 없는 것을 하기로 결심한 사람처럼 고르게 뛰었다. 시계가 새벽 1시와 2시를 알렸고, 그는 먼 마차 소리를 들었다. 게르만은 가벼운 흥분을 느꼈다. 마차가 다가와 멈춰 섰다. 저택에서는 하인들이 뛰어다니기 시작했고, 목소리가 들리기 시작했으며, 불이 밝혀졌다. 침실로 세 명의 늙은 하녀들이 달려 들어왔고, 백작부인은 몹시 지친 채로 들어와 깊은 안락의자에 앉았다. 게르만은 리자베따 이바노브나가 서재 옆을 지나가는 것을 보았다. 게르만은 계단을 내려가는 그녀의 빠른 발걸음을 들었다. 그는 양심의 가책과 유사한 것을 느꼈지만, 이 감정은 곧 사라졌다. 그는 돌처럼 무심해졌다.

백작부인은 거울 앞에서 옷을 벗기 시작했다. 노란 야회복이 그녀의 다리께로 떨어졌다. 마침내 백작부인은 내의 한 벌만 입고 있었으며, 이 옷을 입으니 그녀는 덜 무섭고 덜 추하게 보였다.

모든 나이 든 사람들처럼 백작부인은 밤에 잠을 잘 이루지 못했다. 그녀는 옷을 벗은 후 창가의 깊은 안락의자에 앉아 하녀들에게 가도 좋다고 허락했다. 촛불을 내가서 방은 성상화 앞에 놓는 등잔불 하나로 밝혀지고 있었다. 온통 누런 백작부인은 입술을 움직이며 앉아 있었다. 그녀의 시선 속에는 아무런 생각도 나타나지 않았다.

갑자기 죽은 듯한 이 얼굴이 급격히 변하였다. 입술은 움직이길 멈추었고 눈은 생기를 띠었다. 백작부인 앞에는 낯선 남자가 서 있었다.

"놀라지 마세요, 제발, 놀라지 마세요!" 그는 조용한 목소리로 말했다. "당신을 해칠 생각은 없습니다. 저는 당신께 자비를 구하러 왔습니다."

백작부인은 말없이 그를 바라보고 있었는데, 마치 그의 말이 들리지 않는 것 같았다. 게르만은 그녀가 귀가 먹었다고 생각하고 가능한 가까이 다가가 바로 그녀의 귀 위에서 같은 말을 반복했다. 노파는 침묵했다.

"당신은," 게르만은 계속했다. "저를 행복한 사람으로 만드실 수 있고, 이건 당신께 전혀 돈이 들지 않습니다. 저는 당신이 세 장의 카드를 연속으로 맞출 수 있다는 것을 알고 있어요…"

게르만은 멈추었다. 백작부인은 그녀에게 무엇을 요구하는지 이해하고, 대답을 위한 말을 찾고 있는 것 같았다.

"그건 농담이었어." 마침내 그녀는 말했다, "정말이야! 농담이었어!"

"이런 걸로 농담하면 안 됩니다." 게르만은 화를 내며 말했다. "당신이 이기도록 도와준 차쁠리쯔끼를 기억해 보세요."

백작부인의 안색은 마음의 흔들림으로 달라졌지만, 잠깐이었다.

"당신은," 게르만은 말을 계속했다. "저에게 항상 이기는 그 세 장의 카드가 무엇인지 말해주실 수 있나요?"

백작부인은 침묵했고, 게르만은 계속했다.

"당신은 누구를 위해 비밀을 지키시는 거죠? 손자들을 위해서? 그들은 그게 없어도 부유하지요. 그들은 돈의 가치를 몰라요. 당신의 세 장의 카드는 그들을 도울 수 없을 겁니다. 아버지의 돈을 소중히 여길 줄 모르는 사람은, 여하한 상황에서도 가난 속에서 죽게 될 겁니다. 저는 돈의 가치를 알아요. 당신의 세 장의 카드는 저에게 매우 중요합니다. 그러니 어서!..."

그는 말을 멈추고 몸을 떨며 그녀의 대답을 기다렸다. 백작부인은 침묵했다. 게르만은 무릎을 꿇었다.

"만일 언젠가," 그는 말했다. "당신의 심장이 사랑의 감정을 알았다면, 당신이 그 기쁨을 기억한다면, 당신의 가슴속에 언젠가 무엇인가 인간적인 것이 고동치고 있었다면, 당신께 아내에게, 정부에게, 어머니께 하듯이 부탁드립니다. 저의 부탁을 거절하지 말아 주세요. 저에게 당신의 비밀을 알려 주세요! 그것이 당신께 무엇을 연상시키나요?... 아마도 그것은 당신의 무서운 죄를 생각나게 할지도요. 생각해 보세요. 당신은 늙었고 이미 오래 살지 못합니다. 저는 당신의 죄를 나누어 질 준비가 되어 있어요. 그저 당신의 비밀을 알려 주세요. 생각해 보세요, 사람의 행복이 당신의 손에 달려 있어요. 저뿐 아니라 저의 아이, 손자, 증손자까지 인생의 마지막 날까지 당신께 감사할 겁니다..."

노파는 한마디도 답하지 않았다.

게르만은 일어섰다.

"늙은 마녀야!" 그는 화를 내며 말했다. "나에게 당장 대답해..."

이 말을 하며 그는 주머니에서 피스톨을 꺼냈다. 백작부인은 이것을 보았고, 그녀의 얼굴은 두 번째로 심하게 변하였다. 그녀는 마치 피스톨로부터 자신을 방어하기라도 하듯 손을 들어올렸다... 그런 후 쓰러졌고... 움직임 없이 있었다.

"어린애같이 굴지 말아요." 그녀의 팔을 잡고 게르만은 말했다. "마지막으로 묻겠습니다. 당신의 세 장의 카드를 저에게 알려주시겠소? 그럴 거요? 말 거요?"

백작부인은 대답하지 않았다. 게르만은 그녀가 죽었다는 것을 깨달았다.

문제

알맞은 답을 골라 문장을 완성 후 정답을 확인하시오.

1. 산책할 때 리자베따 이바노브나는 ... 무척 산만했다.
   a) 백작부인의 끝없는 질문에 답하는 데 지쳐서
   б) 바로 전 장교로부터 예상치 못한 편지를 받아서
   в) 주변을 바라보며 무언가 찾고 있어서

2. 그녀가 게르만에게 받은 첫 번째 편지는 ... .
   a) 그가 러시아어를 잘 모르기 때문에 친구의 도움을 받아서 썼다.
   б) 낯선 여인을 향한 그의 사랑을 표현하고 있었다.
   в) 그가 어떤 소설에서 베껴 온 것이었다.

3. 리자베따 이바노브나는 편지를 다 읽은 후 ... .
   a) 매우 만족하였다
   б) 공포를 느꼈다
   в) 왠지 슬퍼졌다

4. 그녀는 오랫동안 어떻게 해야 할지 확신을 가지지 못했고, ...
   a) 답장 없이 편지를 남겨두었다
   б) 더 이상 편지하지 말라는 부탁과 함께 편지를 게르만에게 돌려주었다
   в) 더 이상 창가에 앉지 않겠다고 결심했다

5. 다음번에 게르만은 ... 그녀에게 편지를 전했다.
   а) 여자 점원을 통해
   б) 하인을 통해
   в) 자신이

6. 게르만은 매일 리자베따 이바노브나에게 편지쓰기를 계속했고, ...
   а) 그녀 또한 그에게 편지쓰는 데 열중했다
   б) 그는 항상 자신의 편지를 독일 소설에서 베껴왔다
   в) 그러나 그녀는 아직도 오랫동안 어떻게 처신해야 할지 갈피를 잡지 못했다

7. 리자베따 이바노브나는 게르만을 밀회에 초대하였고 ... .
   а) 밤 2시 이전에는 오지 말라고 부탁했다
   б) 그에게 백작부인의 집 열쇠를 주었다
   в) 편지에 방들이 어디에 위치하는지 자세하게 묘사하였다

8. 게르만이 저택에 들어왔을 때, 그는 백작부인의 침실로 걸어 들어간 후 ... .
   а) 그곳에 머물렀다
   б) 잠시 후 리자의 방에 와 있었다
   в) 서재로 가서 기다리기 위해 머물렀다

9. 게르만은 기다리는 동안 ... .
   а) 내내 초조해했고, 심지어 마지막 순간에는 도망칠까 생각했다
   б) 동요하지 않았으나, 마차 소리를 들은 후 다소 불안을 느꼈다
   в) 평온했으며 저택 안에서 일어나는 일들에 주의 깊게 귀를 기울였다

10. 침실로 돌아온 후 백작부인은 하인의 도움을 받아 … .

   а) 무도복을 벗고 잠자리에 들었다

   б) 옷을 벗었지만 잠들지는 않았다

   в) 침실용 외투를 입은 후 팔걸이의자에 앉아서 불안한 잠에 빠졌다

11. 게르만이 예기치 않게 어둠 속에서 나타났을 때, 노파는 놀라서 … .

   а) 그에게 답하기 전까지 오랫동안 침묵했다

   б) 그가 하는 말을 한 마디도 알아듣지 못했다

   в) 도움을 청하면서 온 집안이 듣도록 비명을 질렀다

12. 세 장의 카드의 비밀을 알아내려고 게르만은 오랫동안 말을 했고 … .

   а) 그의 말은 노파를 놀라게 했다

   б) 백작부인에게 돈을 주겠다고 제안했다

   в) 처음에는 백작부인을 좋게 설득하려고 애썼다

13. 그의 말에 답하여 백작부인은 … .

   а) 아무 말도 하지 않았다

   б) 그저 재미있는 옛 이야기일 뿐이라고 말했다

   в) 그녀는 세 카드를 잊어버렸다고 말했다

14. 피스톨을 보고 백작부인은 … .

   а) 자신을 방어하고자 했다

   б) 도움을 청했다

   в) 바닥에 쓰러졌다

15. 백작부인은 ... 죽었다.
   а) 공포로 인해
   б) 게르만이 그녀를 피스톨로 죽였기 때문에
   в) 고령으로 인해

IV

리자베따 이바노브나는 자신의 방에서 아직도 무도복을 입고서 깊은 생각에 빠져 있었다. 그녀는 집에 와서 스스로 옷을 갈아입겠다고 말하고 하녀들이 물러가도록 허락한 후, 그곳에서 게르만을 보게 되기를 바라기도 하고, 바라지 않기도 하는 마음으로 떨면서 자신의 방으로 들어왔다. 그녀는 첫눈에 그가 없음을 알고 그들의 밀회를 방해한 것에 대해 운명에 감사했다. 그녀는 옷을 벗지 않고 앉아서는 얼마 전의 과거를 회상하기 시작했다. 창을 통해 젊은이를 처음 발견했던 그때로부터 3주도 지나지 않았는데, 그녀는 이미 그와 편지 교환을 했고, 그는 밤의 밀회를 얻어내는 데 성공했다! 그녀는 그의 이름을 그의 편지 몇 통에 서명이 되어 있어 겨우 알게 되었다. 그와 이야기한 적도, 그의 목소리를 들은 적도, 그에 대해 이야기를 들어본 적도 없었다... 바로 오늘 저녁까지도. 이상한 일이다! 바로 이날 저녁, 무도회에서 그가 아닌 다른 이에게 교태를 부린 젊은 공작 영애 뽈리나 ***로 인해 화가 난 똠스끼는 복수하고자 리자베따 이바노브나를 불러내어 끝없이 오래도록 그녀와 춤을 추었다. 그는 내내 그녀가 예상했던 것보다 더 많이 농담을 했고, 그의 몇몇 농담 후에 리자베따 이바노브나는 몇 번이고 그에게 그녀의 비밀이 탄로 났다고 생각했다.

"당신은 이걸 다 누구에게서 알게 되셨어요?" 그녀는 웃으며 물었다.

"당신이 알고 있는 한 신사의 친구로부터지요." 똠스끼가 대답했다. "대단한 사람입니다."

"이 대단한 사람이란 누구인가요?"

"그의 이름은 게르만입니다."

리자베따 이바노브나는 아무 답도 하지 못했으나, 그녀의 손과 발이 싸늘해졌다…

"이 게르만은," 똠스끼는 말을 계속했다. "소설의 주인공과 비슷합니다. 나폴레옹의 옆모습을 하고 있고, 메피스토펠레스의 영혼을 갖고 있죠. 양심에 걸리는 악행이 아마도 세 가지쯤은 있을 겁니다. 너무 창백해지셨네요!"

"머리가 아파요… 게르만이 당신에게 무슨 말을 했나요, 아니면 어떻게 그를?"

"게르만은 자신의 친구에 대해 몹시 불만스러워하더군요. 그가 말하길 자기가 그의 입장이라면 완전히 다르게 행동했을 거라고 하더군요… 저는 심지어 게르만이 당신에게 관심이 있는 것이 아닌가 싶어요. 그가 사랑에 빠진 친구의 말을 주의 깊게 듣고 있었으니까요."

"그가 나를 대체 어디서 봤을까요?"

"아마도 교회에서요!… 신만이 아시겠죠! 아마 당신의 방에서, 당신이 잠들어 있을 때… 그는 뭐든지 할 수 있는 자거든요…"

그들에게 세 명의 귀부인이 다가와서 질문을 던졌다 "망각인가 후회인가?(oubli ou regret?)" 그래서 리자베따 이바노브나에게 흥미

로워지고 있던 대화는 끝나고 말았다.

톰스끼가 선택한 귀부인은 공작영애 뽈리나였다. 그녀는 예정보다 한 바퀴 더 춤을 추며 그와 해명을 마친 후 자신의 의자 앞에 멈추어 섰다. 톰스끼는 자신의 자리로 돌아온 후, 이미 게르만에 대해서도 리자베따 이바노브나에 대해서도 생각하지 않았다. 그녀는 이전의 대화로 무척이나 돌아가고 싶었으나, 곧 늙은 백작부인이 자리를 떠났다.

톰스끼의 말은 무도 중의 빈말에 불과했으나, 그 말은 젊은 몽상가 여인의 마음에 깊이 남았다. 톰스끼가 말한 초상은 그녀 자신이 그려내었던 모습과 닮았고, 최신 소설의 영향으로, 이 모습은 그녀의 상상력을 위협하고 매혹하였다. 그녀가 아직 무도복 차림으로 앉아 있는데... 갑자기 문이 열리고 게르만이 들어왔다. 그녀는 몸을 떨기 시작했다...

"어디 계셨어요?" 그녀는 놀라서 물었다.

"늙은 백작부인의 침실에요." 게르만은 답했다. "지금 그녀에게서 오는 길이오. 백작부인은 죽었어요."

"맙소사... 무슨 말씀을 하시는 거예요?"

"그리고," 게르만은 말했다. "내가 그녀를 죽게 한 것 같아요."

리자베따 이바노브나는 그의 모습을 주의 깊게 보았다. 그러자 톰스끼의 말이 그녀의 마음속에서 들려왔다. '이 사람에게는 아마도 마음속에 간직한 악행이 세 가지쯤 있을 거야!' 게르만은 그녀 곁에 있는 창문에 앉아서 모두 털어놓았다.

리자베따 이바노브나는 경악하며 그의 이야기를 들었다. 결국 이 편지들, 이 단호한 요청들, 이 대담한 추구, 이 모든 것은 사랑이 아니었던 것이다! 돈, 이것이 바로 그의 영혼이 원했던 것이었다! 그를 행복하게 할 수 있는 것은 그녀가 아니었다! 가련한 양녀는 늙은 백작부인의 살인자에게 조력자가 되었다. 그녀는 뒤늦은 양심의 가책을 느끼며 슬피 울었다. 게르만은 말없이 그녀를 바라보았다. 그의 심장 또한 강하게 고동쳤지만, 불쌍한 처녀의 슬픔은 그의 냉정한 영혼을 동요시키지 못했다. 그는 죽은 노파에 대한 생각에 양심의 가책을 느끼지 못했다. 그에게 공포를 느끼게 한 것은 한 가지, 그에게 부(富)를 가져올 수 있었던 비밀을 영영 상실한 것이었다.

"당신은 끔찍해요!" 마침내 리자베따 이바노브나가 말했다.

"나는 그녀의 죽음을 원하지 않았어요." 게르만이 말했다. "내 피스톨은 장전되어 있지 않았거든요."

그들은 침묵했다.

아침이 오고 있었다. 희미한 빛이 방을 밝혔다. 리자베따 이바노브나는 울음을 멈추고 게르만을 향해 눈을 들었다. 그는 창가에 앉아 있었고, 놀랍도록 나폴레옹의 초상과 닮은 모습이었다. 이 유사성은 리자베따 이바노브나조차 충격을 받게 했다.

"당신은 집에서 어떻게 나가죠?" 마침내 리자베따 이바노브나가 말했다. "당신을 비밀계단을 통해 안내하려고 했는데, 침실을 통과해야 해서 무서워요."

"그 비밀계단을 어떻게 찾을 수 있는지 말해 주세요. 내가 나갈게요."

리자베따 이바노브나는 일어나 열쇠를 찾아서 게르만에게 주고 어떻게 가는지 설명해 주었다. 게르만은 그녀에게 입 맞춘 후 나갔다.

그는 계단을 따라 내려가서 백작부인의 침실로 다시 들어갔다. 죽은 노파는 돌처럼 앉아 있었다. 그녀의 얼굴은 깊은 평안을 드러내고 있었다. 게르만은 마치 끔찍한 진실을 믿기 바라는 것처럼 그녀 앞에 서서 오랫동안 그녀를 바라보았다. 그는 마침내 서재로 들어가 비밀 문을 발견하고 어두운 계단으로 내려가기 시작했다. 기이한 감정이 그를 흥분시켰다. 바로 이 계단을 따라 아마도 60여 년 전, 바로 이 침실로, 같은 시간에, 비밀리에, 이미 오래전 세상을 떠났을 젊은 행운아가 왔을 거라고 그는 생각했다. 그리고 오늘 그의 늙은 정부의 심장은 고동치기를 멈추었다...

계단 아래에서 게르만은 문을 발견했으며, 받았던 열쇠로 문을 열고 복도를 통해 거리로 나갔다.

문제

알맞은 답을 골라 문장을 완성 후 정답을 확인하시오.

1. 리자베따 이바노브나가 무도회에서 돌아온 후, 자기 방에서 게르만을 발견하지 못했을 때 … .
   а) 그녀는 그가 아마도 만나는 것을 잊어버렸을 거라고 생각했다
   б) 그녀는 매우 기뻤다
   в) 그녀는 아마도 무슨 일이 생겼을 거라고 생각했다

2. 처녀에게는 … 생각되었다.
   а) 그녀가 게르만을 너무 잘 모른다고
   б) 밤마다 젊은이들과 만나는 것이 무척 낭만적이라고
   в) 게르만을 신뢰할 수 있다고

3. 그 밤에 무도회에서 똠스끼는 … .
   а) 게르만에 대해 무언가 이야기하려고 특별히 그녀를 춤에 초대했다
   б) 한 젊은 공작 영애의 주의를 끌고자 그녀를 춤에 초대했다
   в) 리자베따 이바노브나와 이야기를 나누고자 그녀와만 춤을 추었다

4. 똠스끼는 게르만을 … (으)로 규정했다.
   а) 선량하고 다정한 젊은이
   б) 훌륭한 군인
   в) 내면에 무언가 악마적인 것이 있으며, 어떤 점에서 유명한 역사적 인물과 닮은 사람으로

5. 리자베따 이바노브나에게는 ... 는 생각이 들었다.
   а) 똠스끼의 말이 옳다
   б) 자신의 친구에 대해 이야기하면서 똠스끼가 농담하고 있다
   в) 똠스끼가 그녀에게 거짓을 말하고 있다

6. 마침내 게르만이 리자베따 이바노브나의 방으로 왔을 때 그는 ... .
   а) 심하게 놀랐기 때문에 오랫동안 침묵했다
   б) 늦은 것에 대해 사과하였다
   в) 그녀에게 백작부인이 어떻게 죽었는지 이야기했다

7. 가련한 양녀는 그의 말을 주의 깊게 듣고 결국 ... .
   а) 게르만은 그녀를 사랑한 적이 없다는 것을 알게 되었다
   б) 게르만이 아직도 그녀를 사랑할 수 있다고 생각했다
   в) 만일 그녀가 부유했더라면 게르만이 그녀와 결혼했을 거라고 결론 내렸다

8. 게르만은 ... 매우 슬펐다.
   а) 그가 리자베따의 슬픔을 평안히 바라볼 수 없었기 때문에
   б) 계속해서 노파가 죽는 장면을 눈앞에 그리며 매우 고통스러워했기 때문에
   в) 더 이상은 누구도 그에게 세 장의 카드의 비밀을 알려줄 수 없기 때문에

9. 게르만은 ... 백작부인의 저택을 떠났다.
   а) 밤 늦게
   б) 거의 아침에
   в) 낮에

10. 백작부인의 저택을 떠날 때 게르만은 ... .
   а) 양심의 가책을 느꼈다
   б) 리자베따 이바노브나에게 잘못했다고 생각했다
   в) 과거의 장면을 상상했다

V

 끔찍한 밤이 있은 후 3일이 지난 날 아침 9시에 게르만은 고인이 된 백작부인의 장례식이 거행되는 *** 교회로 갔다. 양심의 가책은 느끼지 않았지만, 그럼에도 불구하고 그는 계속해서 그에게 반복되는 '네가 백작부인을 죽였어!' 라는 목소리를 듣지 않을 수 없었다. 그는 죽은 백작부인이 그의 삶에 나쁜 영향을 줄 수도 있다고 믿었기에, 그녀에게 용서를 빌고자 장례식에 가기로 결정했다.

 교회는 사람으로 가득 차 있었다. 게르만은 어렵게 안으로 들어갔다. 고인은 하얀 옷을 입고 관 속에 누워 있었다. 주변에는 그녀의 식솔들이 서 있었다. 하인들은 검은 옷을 입고 촛불을 들고 있었으며, 아이들, 손자들, 증손자들과 같은 친척들이 깊은 애도의 분위기에 잠겨 있었다. 아무도 울지 않았다. 눈물은 위선이었을 것이다. 백작부인은 몹시 연로하여, 그녀의 죽음은 아무도 놀라게 하지 않았고, 그녀의 친족들은 오래전부터 그녀를 죽음에 가까운 사람으로 보고 있었다.

 젊은 사제가 조사를 읽었다. 단순한 표현으로 그는 고인의 평화롭고 조용한 죽음을 묘사하였다. 친족들이 먼저 시신과 이별하기 위해 나갔다. 그런 후 오래 전 그들의 유흥에 참석했던 고인에게 절하고자 온 많은 수의 손님들이 앞으로 나아갔다. 그들이 떠난 후에는 모두 식구들만 남았다. 마침내 고인의 나이 든 하녀가 다가갔다. 두 명의 젊은 처녀가 그녀의 팔을 잡고 부축했다. 그녀는 땅에까지 고개를 숙이지 못하고 울음을 터뜨리며 주인의 차가운 손에 입을 맞추었다. 그녀 다음에 게르만이 관을 향해 다가갔다. 그는 땅을 향해 절한 후 몇 분간 차가운 바닥에 엎드려 있었다. 마침내 몸을 일으켜, 고인 자신처럼 창백해진 채 관 쪽으로 다가갔다... 이때, 그에게 마치 죽은 이가 웃으며 한쪽 눈으로 자신을 바라보는 것처럼 보였다. 게르만은 급히 물러서다 발을 헛디뎌 넘어지고 말았다. 그 순간 사람들은 기절한 리자베따 이바노브나를 밖으로 옮겼다. 손님들 사이에는 웅성거리는 소리가 일어나기 시작했으며, 고인의 가까운 친척인 어느 깡마른 신사가 옆에 서 있던 영국인의 귀에 젊은 장교가 그녀의 사생아라고 속삭이자, 영국인은 이에 차갑게 '오?' 하고 대답했다.

하루 종일 게르만은 매우 우울했다. 레스토랑에서 식사하며 그는 평소의 자신과 다르게, 내면의 동요를 잊어버리고자 하는 희망으로 술을 아주 많이 마셨다. 그러나 포도주는 더욱 그의 상상력에 불을 붙였다. 집으로 돌아온 후, 그는 옷을 벗지 않은 채 침대에 누워 깊이 잠들었다.

그는 한밤중에 잠에서 깨어났다. 달이 그의 방을 비추고 있었다. 그는 시계를 보았다. 3시 15분 전이었다. 잠이 완전히 달아나고 말아서, 그는 침대에 앉아 늙은 백작부인의 장례식에 대해 생각했다.

이때 누군가 거리에서 창문을 통해 그를 주시하고 있다가 바로 물러섰다. 게르만은 여기에 전혀 주의를 기울이지 않았다. 잠시 후 그는 문이 열리는 소리를 들었다. 게르만은 그의 하인이 밤 산책에서 돌아왔다고 생각했다. 그러나 그에게는 낯선 발걸음 소리가 들려왔다. 문이 열리고 하얀 원피스를 입은 여인이 들어왔다. 게르만은 이것이 그의 나이 든 하녀라고 생각하고, 무슨 일로 그녀가 이런 시간에 왔는지 놀라워했다. 그러나 하얀 여인은 갑자기 그의 앞에 섰고, 게르만은 그가 백작부인임을 알아차렸다!

"나는 내 뜻에 반하여 너에게 왔다." 그녀는 엄격한 목소리로 말했다. "그러나 나는 너의 소원을 들어주라는 명을 받았다. 3, 7과 에이스의 카드를 순서대로 내놓으면 너는 이길 것이다. 그러나 하루에 하나 이상의 카드를 내놓지 말고, 이후로 평생 카드놀이를 하지 않아야 한다. 네가 내 양녀 리자베따 이바노브나와 결혼한다면 내 죽음에 대해서는 용서하겠다…"

이 말과 함께 그녀는 조용히 문 쪽으로 갔다. 게르만은 문이 닫히는 소리를 들었고, 누군가 다시 창을 통해 그를 쳐다보는 것을 보았다.

게르만은 오랫동안 정신을 차릴 수 없었다. 그는 다른 방으로 나갔다. 그의 하인이 아무것도 모르는 채 바닥에서 자고 있었다. 문은 닫혀 있었다. 게르만은 자신의 방으로 돌아와 촛불을 밝히고 자신이 본 것을 적었다.

문제

알맞은 답을 골라 문장을 완성 후 정답을 확인하시오.

1. 게르만은 ... 백작부인의 장례식에 갔다.

   а) 관습이 그렇게 요구하기 때문에

   б) 세 장의 카드의 비밀을 알기를 희망했기 때문에

   в) 이 죽음이 그의 삶에 악영향을 줄까 봐 두려웠기 때문에

2. 장례식에서 ... .

   а) 백작부인의 친구 단 한 명만이 울고 있었다

   б) 아무도 울지 않았지만 모두 애도하고 있었다

   в) 모두가 검은 옷을 입고 조용히 울고 있었다

3. 게르만이 관으로 다가갔을 때 ... .

   а) 늙은 백작부인이 그를 보고 웃는 것처럼 느껴졌다.

   б) 그는 히스테릭하게 웃기 시작했다

   в) 백작부인의 모든 친척들이 그를 주의 깊게 바라보았다

4. 게르만은 고인에게 절한 후 ... .

   а) 눈에 띄지 않게 교회를 빠져 나왔다

   б) 관으로부터 물러서다 자칫 쓰러질 뻔했다

   в) 공포로 인해 쓰러졌다

5. 리자베따 이바노브나는 ... .

   а) 장례식에 가지 못할 정도로 슬퍼했다

   б) 장례식을 하는 동안 정신을 잃었다

   в) 장례식을 하는 동안 매우 불안해했으며 다른 사람들보다 일찍 자리를 떴다

6. 게르만은 장례식이 끝난 후 ... .

   а) 레스토랑에 들러서 포도주를 과음하였다

   б) 즉시 집으로 돌아와 잠자리에 들었다

   в) 교회 주변을 오랫동안 걸었다

7. 그날 밤 소설의 주인공은 ... .

   а) 곤히 자고 있었다

   б) 잠이 깨서 오랫동안 잠들지 않았다

   в) 불안으로 인해 여러 번 잠이 깨었다

8. 밤에 게르만에게 환영이 나타났을 때, 그는 ... .

   а) 늙은 백작부인이라는 것을 즉시 알아차렸다

   б) 하얀 여인이 자기 하녀라고 생각했다

   в) 무슨 일인지 이해하지 못할 정도로 취해 있었다

9. 그날 밤 백작부인은 ... 게르만에게 세 장의 카드의 비밀을 밝혔다.

   а) 그를 돕기로 결심했기 때문에

   б) 그를 용서했기 때문에

   в) 이렇게 하기를 원하지 않았음에도 불구하고

10. 이것은 무서운 환영이었기 때문에, 공병 장교는 ... .

   а) 즉시 잊기를 원했다

   б) 매우 놀라서 도움을 청하기 위해 하인을 불렀다

   в) 그것을 기억하려고 노력했다

VI

 3, 7, 에이스는 곧 게르만의 생각 속에 죽은 노파에 대한 기억을 가두어 버렸다. 3, 7, 에이스는 그의 머릿속에서 빠져나가지 않고 그의 입술을 움직이게 했다. 젊은 처녀를 보고 그는 '정말 균형 잡힌 몸매로군, 진정한 3이야'라고 말했다. 몇 시인지 그에게 물어보면, 7시 5분 전이라고 말했다. 배가 불룩한 남자들은 모두 그에게 1의 카드를 생각나게 했다. 3, 7, 에이스는 가능한 모든 형태를 취하며 그의 꿈에까지 따라오곤 했다. 그의 모든 생각은 한곳으로 집중되었다. 그에게 비싼 대가를 치르게 한 비밀을 어떻게 사용할 것인가였다. 그는 은퇴와 여행에 대해 생각하기 시작했다. 그는 파리로 가서 카드놀이를 하며 그곳에서 자신의 행운을 시험하고 싶었다. 우연한 사건이 그를 도왔다.

 모스끄바에 평생 카드놀이를 해온 백만장자 체깔린스끼의 지도하에 부유한 노름꾼들의 모임이 만들어졌다. 사람들은 그의 많은 경험을 신뢰했고, 늘 손님에게 열려 있는 집, 정중함과 명랑함은 사람들의 존경을 불러일으켰다. 그가 뻬쩨르부르그로 왔다. 젊은이들은 카드를 위해 무도회는 잊고 그의 집에 모여들었다. 나루모프는 그의 집에 게르만을 데려갔다.

 그들은 늘어선 아름다운 방들을 지나갔다. 몇 명의 장군들이 카드놀이를 하고 있었고 젊은이들은 소파에 앉아서 아이스크림을 먹으며 담배를 피웠다. 거실에서는, 주인이 주변에 20여 명의 노름꾼들이 둘러싸고 있는 긴 탁자에 앉아 카드놀이를 이끌고 있었다. 그는 60세 정도 된 사람으로 뚱뚱하고 생기 있는 얼굴은 선량한 표정을 하고 있었으며, 미소 지으면 항상 눈빛이 활기를 띄었다. 나루모프는 그에게 게르만을 소개하였다. 체깔린스끼는 그에게 다정하게 인사하고, 부디 편안히 있으라고 말한 후 게임을 계속했다.

사람들은 오랫동안 게임을 했다. 테이블 위에는 30장 이상의 카드가 놓여 있었다. 체깔린스끼는 노름꾼들이 잃은 돈을 기입할 수 있도록 시간을 주기 위해 멈추곤 했고, 정중하게 그들의 요구에 귀를 기울이면서 주의 깊게 게임을 감독하고 있었다. 마침내 게임이 끝났다. 체깔린스끼는 다시 시작할 준비를 하였다.

"돈을 걸도록 허락해 주시기 바랍니다." 게르만이 말했다. 체깔린스끼는 미소 지은 후 동의의 뜻으로 말없이 목례를 하였다.

나루모프는 웃으며 게르만을 축하한 후 첫 시작에 행운이 있기를 빌어 주었다.

"됐습니다!" 게르만은 자신의 카드 위에 판돈 액수를 적은 후 말했다.

"얼마라고요?" 체깔린스끼는 물었다. "죄송하지만 잘 안보입니다."

"4만 7천입니다." 게르만이 말했다.

이 말에 모든 사람들의 시선이 게르만을 향했다. '미쳤군!' 나루모프는 생각했다.

"이런 말씀 드리는 것을 허락해 주시죠." 체깔린스끼가 평소와 같은 미소를 지으며 말했다. "당신의 게임은 판돈이 크군요. 여기선 아무도 하나의 카드에 275 이상 걸었던 적이 없었답니다."

"그래서요?" 게르만은 말했다. "제 카드를 이긴 겁니까, 아닙니까?"

체깔린스끼는 여전한 평온한 동의의 표정으로 고개를 숙였다.

"당신께 말씀드리고 싶은 것은," 그가 말했다 "여기서는 현금으로만 게임할 수 있다는 것입니다. 제 편에서는 당신의 말로도 충분하다고 믿지만, 게임의 질서와 계산을 위해 판돈을 카드 위에 놓도록 부탁드립니다."

게르만은 주머니에서 지폐를 꺼내어 체깔린스끼에게 주었고, 체깔린스끼는 지폐를 빠르게 살펴본 후 게르만의 카드 위에 놓았다.

그는 게임을 시작했다. 오른쪽으로 9가, 왼쪽으로 3의 카드가 놓였다.

"이겼습니다!" 게르만은 자신의 카드를 보여주면서 말했다.

노름꾼들 사이에 웅성거림이 일었다. 체깔린스끼는 신경질이 났지만, 그의 얼굴엔 미소가 바로 돌아왔다.

"돈을 받기를 원하시나요?" 그는 게르만에게 물었다.

"네."

체깔린스끼는 주머니에서 지폐 몇 장을 꺼내 바로 내어 주었다. 게르만은 돈을 챙겨 테이블에서 물러났다. 나루모프는 정신을 차릴 수 없었다. 게르만은 물 한 잔을 마신 후 집으로 갔다.

다음 날 저녁 그는 다시 체깔린스끼의 집에 나타났다. 주인은 게임을 이끌고 있었다. 게르만은 테이블로 다가갔다. 그에게는 즉시 자리가 주어졌고 체깔린스끼는 그에게 정중하게 고개를 숙였다.

게르만은 새 게임을 기다린 후, 자신의 4만 7천에 어제 딴 돈까지 얹어 돈을 걸었다.

게임이 시작되었다. 7이 왼쪽에 놓였다. 게르만은 7을 열었다.

모두들 신음했다. 체깔린스끼는 9만 4천을 계산해서 게르만에게 전해 주었다. 게르만은 돈을 받은 후 즉시 자리를 떴다.

다음 날 저녁 게르만이 다시 테이블 옆에 나타났다. 모두들 그를 기다리고 있었다. 장군들은 이 대단한 게임을 보러 가느라 카드가 놓인 자신의 탁자를 버려두었다. 젊은 장교들은 소파에서 일어났고 급사들은 모두 거실에 모였다. 모두들 게르만을 둘러싸고 섰다. 다른 노름꾼들은 그가 어떻게 끝낼지 초조하게 기다리며 자기 카드에 돈을 걸지 않았다. 게르만은 창백하지만 여전히 미소 짓고 있는 체깔린스끼를 상대로 홀로 게임할 준비를 하며 테이블 옆에 서 있었다. 각자는 자기 카드를 집었다. 게르만은 자기 카드를 선택하고 그 위에 지폐를 놓았다. 이것은 마치 결투와 같았다. 주변에는 깊은 침묵이 이어지고 있었다.

체깔린스끼는 게임을 시작했고, 그의 손은 떨리고 있었다. 오른쪽에 퀸이 놓이고 왼쪽에는 에이스가 놓였다.

"에이스가 이겼습니다!" 게르만은 말하고 자기 카드를 열었다.

"당신의 여왕은 졌습니다." 체깔린스끼는 예의바르게 말했다.

게르만은 몸을 떨기 시작했다. 정말로 에이스 대신 그의 곁에는 스페이드 여왕이 놓여 있었다. 그는 어떻게 실수를 했는지 이해하지 못하면서, 자신의 눈을 믿을 수가 없었다.

이 순간 그는 스페이드 여왕이 이상한 웃음을 띠고 그를 바라보는 것 같았다. 기이한 유사성이 그를 경악하게 했다...

"노파다!" 그는 겁에 질려 외쳤다.

체깔린스끼는 잃은 돈을 자기 쪽으로 가져왔다. 게르만은 움직임 없이 서 있었다. 그가 테이블에서 물러섰을 때, 웅성거림이 일어났다.

"게임 정말 잘했군!" 노름꾼들은 말했다. 체깔린스끼는 다시 카드를 손에 쥐었다. 게임이 계속되었다.

결말

게르만은 미쳤다. 그는 오부호프 병원에 입원해 있으면서 어떤 질문에도 답하지 않고 조용하게, 그리고 이상할 정도로 빠르게 '3, 7, 에이스, 3, 7, 퀸'을 반복하고 있다.

리자베따 이바노브나는 사랑스런 젊은이와 결혼했는데, 그는 상당히 부유한 사람이다. 리자베따 이바노브나는 가난한 친척 소녀를 양육하고 있다.

똠스끼는 영관급 장교가 되었고 공작영애 뽈리나와 결혼했다.

문제

알맞은 답을 골라 문장을 완성 후 정답을 확인하시오.

1. 늙은 백작부인의 죽음 후 ... .
    a) 게르만은 오랫동안 양심의 가책으로 괴로워했다
    б) 게르만은 빠르게 그녀에 대해 잊었다
    в) 게르만에게 밤의 환영 속에서 하얀 여인이 이미 여러 번 나타났다

2. 세 장의 카드의 비밀을 알게 된 후 게르만은 그것을 이용하기로 결심하고 ... .
    a) 즉시 외국으로 떠났다
    б) 체깔린스끼의 집에서 부유한 노름꾼들이 회합을 하는 모스끄바로 떠났다
    в) 그의 친구 하나가 그를, 온 뻬쩨르부르그가 그의 집에서 카드놀이를 하고 있던 체깔린스끼에게 소개하였다

3. 노름꾼 모임의 지도자는 ... .
    a) 젊지만 카드 게임에 노련한 신사였다
    б) 명랑하면서 점잖은 성품을 가진 부유한 남성이었다
    в) 항상 매우 진지한 중년의 남성이었다

4. 첫날 밤 게르만은 ... .
    a) 나이 든 백작부인의 비밀을 사용하였다
    б) 심하게 두려워해서 노름을 하지 못했다
    в) 정신 이상이 되었다

5. 게르만이 한 카드에 거액의 판돈을 걸었을 때 ... .
   а) 이는 모든 이를 매우 놀라게 했다
   б) 그의 친구는 그를 말리려고 시도했다
   в) 그는 카드 테이블에 모여 있는 다른 모든 노름꾼들처럼 행동했었다

6. 이 노름꾼 모임의 규칙에 따르면 ... .
   а) 누군가 카드에 큰 금액의 돈을 걸 때는 진지한 말이면 충분했다
   б) 하나의 카드에 거액의 돈을 거는 것은 금지되었다
   в) 카드에 건 판돈을 보여 주어야만 했다

7. 첫날 밤 게르만은 첫 번째 시도에서 돈을 딴 후, ...
   а) 돈을 가지고 바로 자리를 떴다
   б) 돈을 받은 후 노름을 계속했다
   в) 나중에 같은 카드에 거듭해서 돈을 걸었다

8. 다음날 공병 장교는 ... .
   а) 다시금 최초의 시도에서 돈을 딴 후 즉시 떠났다
   б) 늦게까지 도박을 했고 마침내 돈을 땄다
   в) 처음에는 주의 깊게 카드 게임을 관찰하다가 자신이 게임을 시작했다

9. 게르만이 3일째 클럽에 왔을 때, ...
   а) 카드놀이는 평소처럼 계속되었다
   б) 모두 초조하게 그를 주시하기 시작했다
   в) 체깔린스끼는 평소처럼 아주 침착하고 정중했다

10. 지난 밤에 게르만은 ... 카드놀이를 했다.
   а) 모임의 모든 노름꾼들을 상대하며
   б) 소란스러운 큰 홀에서
   в) 혼자 모임의 게임 진행자를 상대하며

11. 게르만은 자신의 모든 돈을 잃고, ...
   а) 말 없이 조용히 홀에서 나갔다
   б) 스페이드 여왕이 마치 백작부인처럼 그를 향해 웃는 것처럼 보였다
   в) 게임 진행자가 그를 고의로 속였다고 생각했다

12. 게르만은 그의 돈이 어떻게 바닥났는지를 보았고, ...
   а) 모든 노름꾼들은 집으로 흩어졌다
   б) 정신을 차릴 수가 없었다
   в) 빚을 지고 게임을 계속했다

13. 소설의 주인공은 결국 ... .
   а) 카드놀이에서 패배를 만회할 수 있었다
   б) 화려한 군 경력을 쌓았다
   в) 정신병원에 있게 되었다.

14. 리자베따 이바노브나는 ... .
   а) 자신의 운명을 개척했다
   б) 슬픔으로 중병을 앓았다
   в) 지금까지 첫사랑에 대해 생각하고 있다

정답
1. б 2. в 3. б 4. а 5. а 6. в 7. а 8. а 9. б 10. в
11. б 12. б 13. в 14. а

КОММЕНТАРИИ К ТЕКСТУ

주 석

1. *Гадательный* — от «гадать», т. е. пытаться узнать о будущем с помощью карт, примет, каких-то предметов. Например, гадать по картам. 동사 «гадать»에서 파생, 즉 카드, 징조, 물건들의 도움으로 미래를 알아내려 노력하는 것. 예) 카드를 보고 점을 치다

2. *Сбить с толку кого-либо* (фраз.) — привести кого-либо в состояние растерянности, замешательства, запутать. (관용구) 누군가를 당황하게, 혼란스럽게, 헷갈리게 하다

3. *Германн* — фамилия героя. А. С. Пушкин ни разу не называет его по имени. 주인공의 성. 뿌쉬낀은 그를 한 번도 이름으로 부르지 않는다.

4. *Расчётлив* — кр. прил. от расчётливый, т. е. бережливый, экономный. 형용사 расчётливый의 단어미형, 즉 검소한, 절약하는

5. *La VeXnus moscovite* — московская Венера (фр.). Здесь и далее по тексту все слова на французском языке сохранены в соответствии с оригинальной редакцией А. С. Пушкина. Это проявление русско-французского билингвизма, характерного для русского дворянского общества XIX века. 모스끄바의 비너스(프랑스어). 이곳과 그 이후의 본문에 뿌쉬낀의 원작 원고에 따른 프랑스어 어휘들이 남아 있다. 이것은 19세기 러시아 귀족 사회의 특징적이었던 러시아어-프랑스어 이중언어 사용 현상이 나타난 것이다.

6. *Луи Франсуа Арман дю Плесси Ришелье* (1696–1788) — маршал Франции, двоюродный внук кардинала Ришелье. Известен своими любовными похождениями, из-за которых даже провёл 14 месяцев в тюрьме в Бастилии. 프랑스의 원수(元帥), 리슐리외 추기경의 종손(從孫). 애정편력으로 유명했으며 이로 인해 바스티유에서 14개월을 보내기도 했다.

7. *Покончить с собой* (фраз.) — лишить себя жизни, убить себя, совершить самоубийство. (관용구) 자신의 생명을 빼앗다, 자신을 죽이다, 자살하다

8. *Выйти из себя* (фраз.) — рассердиться и потерять контроль над со-

бой. (관용구) 화가 나서 자제력을 잃다

9. *Нет, да и только!* — выражение категорического отрицания, настойчивого, повторяемого несколько раз: нет и ещё раз нет. 단호하고 완고하며 반복적인 거부의 표현: нет и ещё раз нет와 같은 뜻임.

10. *Граф Сен-Жермен* (??-1784) — авантюрист и алхимик, одна из наиболее загадочных фигур Франции конца XVIII века. Его происхождение, настоящее имя и дата рождения неизвестны. Вокруг его имени сложилось много легенд. Бывал в России и в 1762 году участвовал в дворцовом перевороте, после которого взошла на престол Екатерина Вторая. 백작, 모험가이자 연금술사로 18세기 말 프랑스의 가장 신비로운 인물. 그의 출신과 본명, 생년월일은 알려져 있지 않다. 그의 이름에는 많은 전설이 얽혀 있다. 1762년에 러시아에 거주했으며, 예까쩨리나 2세가 제위에 오르게 된 쿠데타에 참여하였다.

11. *Без памяти* (фраз.) — очень сильно, страстно. Например, любить без памяти. (관용구) 아주 강하게, 열정적으로. 예) 열렬히 사랑하다

12. *Au jeu de la Reine* — на карточную игру у королевы (фр.) 여왕의 궁정에서 열린 카드게임(프랑스어)

13. *Чёрта с два!* (фраз., прост.) — выражение отрицания, категорического несогласия: нет, вовсе нет, ничего подобного. (관용구, 속어) 거부, 단호한 거절의 표현 : нет, вовсе нет, ничего подобного와 같은 뜻임.

14. *Grand'maman* — бабушка (фр.) 할머니(프랑스어)

15. *Bon jour, mademoiselle Lise.* — Здравствуйте, мадемуазель Лиза (фр.). 안녕하세요, 마드무아젤 리자(프랑스어)

16. *Позволять* — разрешать. 허락하다

17. *Мать моя, матушка* (устар.) — неформальное обращение к женщине любого возраста. (옛말) 모든 연령대의 여성을 향한 격식을 차리지 않은 호칭

18. *Благодарить* — инфинитив в функции императива: нужно поблагодарить. Выражает просьбу энергично и жёстко. 명령의 역할을 하는 동사 미정형: 감사인사를 해. 강경하고 단호한 부탁을 표현함.

19. *Жалованье* (устар.) — заработная плата, зарплата. (옛말) 급료

20. *Vis-à-vis* — здесь: пары в танце. 여기서는 무용에서의 파트너

21. В Санкт-Петербурге есть два старинных дома, которые называют домами Пиковой дамы, потому что их хозяйки, по легенде, стали прототипом старой графини из повести А. С. Пушкина. Один из этих домов находится на Малой Морской улице (дом 10), а другой — на Литейном проспекте (дом 42). 상뜨뻬쩨르부르그에는 집의 여주인이 뿌쉬낀의 소설에 등장하는 노백작부인의 원형이 되었다는 전설로 인해 스페이드 여왕의 집이라고 불리는 오래된 집이 두 채가 있다. 이 중 하나는 말라야 모르스까야 거리(10번지), 다른 하나는 리쩨이느이 대로(42번지)에 위치하고 있다.

22. *Личико* — симпатичное лицо, детское или женское. 어린아이나 여성의 귀여운 얼굴

23. *Имела обыкновение* — имела привычку, обычно делала так. 습관이 있었다. 보통 그렇게 하곤 했다.

24. *Не к месту* — некстати, в неподходящий момент. 적절하지 않은 때에, 적당하지 않은 순간에

25. *Выжить из ума* — поглупеть, к старости лишиться памяти, потерять способность рассуждать. 어리석어지다, 나이로 인해 기억력이 감퇴하다, 판단력을 잃어버리다.

26. *Наедине* — один на один, без свидетелей. 단둘이, 보는 이 없이

27. *M-me Lebrun* — полное имя VigeXe Le Brun, Мари Элизабет Луиза Виже-Лебрен (1755–1842), одна из наиболее знаменитых портретисток своего времени, член Королевской академии живописи и

скульптуры. Очень много работала при королевском дворе в Версале, где особенно прославилась портретами королевы Марии Антуанетты. 비제 르 브룅(Vige'e Le Brun), 마리 엘리자베스 루이자 비제–르브룅(1955–1842)은 당대에 가장 유명한 초상화가 중 한 명으로, 왕립 미술 아카데미 회원. 베르사이유 궁전에서 활발하게 활동했으며 특히 왕비 마리 앙투아네트의 초상화들로 이름을 떨쳤다.

28. *Звезда* — здесь: орден, награда высшей степени в царской России. 여기서는 훈장, 제정러시아 시대의 등급 높은 포상

29. *Лампада* — светильник, который зажигают перед иконами. 성상화 앞에서 타고 있는 등잔

30. *Ребячиться* — вести себя как ребёнок, несерьёзно. 아이처럼 행동하다, 경솔하게 굴다

31. *Злодейство* — тяжёлое преступление. 중범죄

32. *Oubli ou regret?* — забвение или сожаление? (фр.) Приглашая мужчину на танец, женщины предлагали ему выбрать одно из названных ими слов — в данном случае "забвение" или "сожаление". При этом женщины заранее договаривались, какое слово кому из них принадлежит. Назвав слово, мужчина танцевал с той дамой, которой это слово принадлежит. 망각인가 후회인가? (프랑스어) 여성들이 남성을 춤에 초대하여, 그들이 말하는 단어를 하나 선택하도록 한다. 이 상황에서는 "망각" 혹은 "후회"이다. 이때 여성들은 그 단어에 해당하는 사람을 미리 정해 놓는다. 남성이 단어를 말하면 그 단어에 맞는 부인과 춤을 췄다.

33. *Une affectation* — притворство (фр.). 위선 (프랑스어).

34. *Ахнуть* — выразить удивление, сказав «ах». '아'하고 소리 내며 놀라움을 표하다.

35. *Поединок* — борьба один на один, дуэль. 일대일 싸움, 결투

36. *Обуховская больница* — первая больница Санкт-Петербурга, открытая в 1780 году для бедных. Там же находилось первое в России отделение для сумасшедших. Сохранилась до сих пор, находится на набережной реки Фонтанки. 상뜨뻬쩨르부르그 최초의 병원으로 1780년에 빈민을 위해 설립되었다. 이곳에 러시아에서 최초로 정신과가 개설되었다. 지금까지 보존되어 폰딴까 운하에 위치하고 있다.

단어

А
анекдо́т 일화
а́хать — а́хнуть '아흐' 소리를 내며 놀람을 표시하다

Б
бал 사람들이 춤추는 성대한 야회
банкно́та, банкно́ты (*мн. ч.*) 지폐
бережли́вость 검약, 검소
беспоко́йство 불안, 걱정
би́ться (*о сердце*) (심장에 대하여) 뛰다
бледне́ть — побледне́ть 창백해지다

В
ве́дьма 마녀
взля́дывать — взгляну́ть 바라보다
виде́ние 환상, 환영 유령
винова́тый 죄 있는, 잘못된, 책임을 느끼는
влия́ть — повлия́ть (*на кого? на что?*) 영향을 주다
воображе́ние 상상, 상상력
встава́ть — встать на коле́ни 무릎을 꿇다, 무릎으로 서다
выжива́ть — вы́жить из ума́ 노망들다, 어리석어지다, 노년이 되어 기억을 잃다, 사리를 분별하는 능력을 잃다
вы́игрыш 딴 돈, 당첨금, 게임 등에서 딴 돈 예) 복권 당첨금

Г
ге́рцог 공작
глухо́й 농아, 귀가 먼 사람
го́речь 비애, 씁쓸함
горячи́ться 흥분하다, 불안해하다
гости́ная 거실, 손님들을 맞아들이는 방
граф (*м. р.*), графи́ня (*ж. р.*) 백작(남), 백작부인(여)
грех 죄
гроб 관
губа́ 입술

Д

да́ма 부인, 숙녀

двор 군주, 그의 가족, 그들과 같이 기거하는 사람들 예) 왕의 궁정, 황제의 궁정에서

доброду́шие 온정, 온후, 친절, 선량

долг 빚

дрожа́ть 떨다, 전율하다

дру́жески 친하게, 친구처럼

Ж

жа́лкий 불쌍한, 보잘것없는, 여기서는 미미한, 초라한

жа́лованье (*устар.*) 월급

жа́ловаться — пожа́ловаться 불평하다, 불만을 표시하다

же́ртва 희생

же́ртвовать — поже́ртвовать (*кем? чем?*) 희생하다

З

зави́симость 종속, 종속관계, 예속

заряжа́ть — заряди́ть (**пистоле́т**) 장전하다 (권총을)

заставля́ть — заста́вить (*кого?*) ~하게 만들다, 강요하다

засыпа́ть — засну́ть 잠들다, 잠자기 시작하다

звезда́ 별, 여기서는 훈장

злоде́йство 흉악한 짓, 중죄

И

изли́шний 여분의, 지나친

изобрета́тель 발명가

испу́г 공포, 경악

К

капита́л 자본, 자산

каре́та 마차

карма́н 주머니

княжна́ 공작의 딸(미혼의)

коке́тничать 아양 떨다, 교태부리다

конча́ть — поко́нчить с собо́й 자살하다

красне́ть — покрасне́ть 얼굴이 붉어지다(예를 들어 흥분, 수치심으로)

Л

ли́чико 여자나 아이의, 호감 가는 얼굴

любо́вник (*м. р.*), **любо́вница** (*ж. р.*) 정부

М

ми́лость 호의, 친절

мстить — отомсти́ть (*кому? за что?*) 복수하다

мунди́р 제복, 예) 장교의 제복

Н

надгро́бный: надгро́бное сло́во 추도사, 장례식에서 고인을 추모하며 하는 말

наедине́ 단둘이, 일대 일로 보는 이 없이

наказа́ние 벌

недоброжела́тельность 적의, 비우호적, 적대적 태도, 자세

не́жно 부드럽게, 온화하게

не к ме́сту 때에 맞지 않게, 어울리지 않는 순간에

неподви́жно 움직이지 않고, 아무런 움직임이 없이

нетерпе́ние 초조, 조바심, 안달

О

о́бморок: па́дать — упа́сть в о́бморок 기절, 실신: 기절하다, 실신하다
обыкнове́ние: име́ть обыкнове́ние 습관: 습관을 갖다
оживля́ться — оживи́ться 되살아나다, 회복되다
означа́ть 뜻하다, 가리키다
окамене́ва́ть — окамене́ть 움직임이 없어지다, 움직임 없이 있다
освеща́ться — освети́ться 밝아지다
оступа́ться — оступи́ться 발을 헛딛다, 잘못 딛다
отста́вка 퇴직, 퇴역
отсчи́тывать — отсчита́ть 계산하다, 셈을 하여 나누다
оты́грываться — отыгра́ться 패배를 만회하다

П

пи́ковый (트럼프의) 스페이드의
пистоле́т 권총
побо́чный 간접적인, 2차적인
подря́д 계속하여, 연속적으로
поеди́нок 일대일로 하는 싸움, 결투
позволя́ть — позво́лить (кому?) 허락하다
покло́н 경례, 인사
поко́й 안정, 평안
поко́йник 고인
поко́йный 고인, 죽은 이
положе́ние 상황, 위치

поража́ть — порази́ть (кого?) 놀라게 하다
поря́док 차례, 질서
поте́ря 낭비, 손해, 손실
по́хороны, *только мн. ч.* 장례식(항상 복수)
председа́тельство, под председа́тельством 의장, 위원장, 회장의 직위, ~의 사회 아래, 지도 아래
представля́ть — предста́вить (*кого? кому?*) 제출, 제시, 소개하다
пресле́дование 추적, 추구, 추궁
призна́ние 승인, 인지, 인정
принима́ть — приня́ть уча́стие (*в чём?*) 참가, 참여하다
про́игрыш 패배, 손실
про́сьба 부탁, 요청
про́филь 옆얼굴, 옆모습
пуга́ться — испуга́ться (*кого? чего?*) 깜짝 놀라다, 공포를 느끼다

Р

ра́ди бо́га 제발, 아무쪼록
раздева́ться — разде́ться 옷을 벗다
рассе́янно 산만하게, 정신없이
рассе́янность 부주의, 산만함
рассчи́тывать — рассчита́ть 계산하다, 전망하다
расходи́ться — разойти́сь (по дома́м) 자기 집으로 흩어지다
расчёт 계산, 타산, 기대
расчётливый 절약하는, 아껴 쓰는
рвать — разорва́ть 찢다, 갈기갈기 찢다
ребя́читься 아이처럼 행동하다

ровéсница — девочка, женщина одинакового возраста с кем-либо 동년배인 소녀나 여성

румя́нец 붉어짐, 홍조

С

сбивáть — сбить с тóлку (*когó?*) 혼란에 빠뜨리다

свечá 양초

свящéнник 신부, 성직자

седéть — поседéть 백발이 되다

семёрка 7, 7점짜리 트럼프

серди́ться (*на когó?*) — рассерди́ться ~에게 화나다

сжáливаться — сжáлиться (*над кем?*) 가엾게 여기다, 동정하다

симмéтрия 균형, 대칭

слéдовать 따르다, 모방하다, 의거하다

слугá (*м. р.*), служáнка (*ж. р.*) 하인, 하녀

слýшаться — послýшаться (*когó?*) 듣다, 따르다, 순종하다

снимáть — снять (одéжду) 옷을 벗다

спáльня 침실

старéть — постарéть 늙다

стари́нный 옛날의, 해묵은, 고색창연한

стрóйный 균형 잡힌, 볼품 있는

сýмма 합, 총계, 총액

сходи́ть — сойти́ с умá 실성하다, 미치다

схóдство 유사, 유사점

Т

тáинственность 신비성, 신비한 것

тигр 호랑이

трáур 상(喪), 상복, 초상(初喪)

трéбоваться 필요하다, 요구되다

трéпет 떨림, 두근거림

трепетáть — затрепетáть 떨다, 흔들리다

трóйка 숫자 3, 삼두마차

туз 트럼프의 에이스, 1점

У

уби́йца 살인자

угáдывать — угадáть 짐작하다, 추측하다

угрызéния сóвести 양심의 가책

украшéние 장식, 장식품

упрекáть — упрекнýть (*когó? в чём?*) 나무라다, 질책하다

ухáживать (*за кем? за чем?*) 돌보다, 가꾸다, 구애하다

Ф

фантасти́ческий 환상적인

Х

холодéть — похолодéть 차가워지다, 냉담해지다

Ц

цари́ца 여왕

Ч

чёрта с два! 천만에! 전혀 그렇지 않아!

чудéсный 기적적인

Ш

шаг 걸음, 발걸음
шампа́нское 샴페인
шпио́н 스파이

Э

эгоисти́чный 이기주의적인

Я

явля́ться — яви́ться (*куда?*) 나타나다, 출현하다

엮은이
뿌쉬낀하우스 러시아어교육연구회

국내 러시아어 교육의 전문화를 위해 2008년 '러시아어 교수법 연구회'로 발족되어 정기적인 교수법 세미나와 강사 교육, 러시아어 전문 교육 프로그램 및 교재 개발 등에 힘쓰고 있다.

ПИКОВАЯ ДАМА
스페이드 여왕

초판 인쇄 2018년 07월 20일
초판 발행 2018년 07월 27일

지은이 알렉산드르 뿌쉬낀
엮은이 뿌쉬낀하우스 러시아어교육연구회

펴낸이 김선명
펴낸곳 뿌쉬낀하우스
편집 김영실, Evgeny Shtefan
디자인 박은비
주소 서울시 중구 동호로 15길 8, 리오베빌딩 3층
전화 02)2237-9387
팩스 02)2238-9388
이메일 pushkin_book@naver.com
홈페이지 www.pushkinhouse.co.kr
출판등록 2004년 3월 1일 제 2004-0004호

ISBN 979-11-7036-006-3 14790
    978-89-92272-61-2 (세트)

© ЗАО «Златоуст», 2013
Настоящее издание осуществлено по лицензии, полученной от ЗАО «Златоуст»
© Pushkin House, 2018

이 책의 국내 저작권은 «Златоуст» 출판사와 독점 계약한 뿌쉬낀하우스에 있습니다.
저작권법에 의해 한국 내에서 보호를 받는 저작물이므로 무단 전재와 무단 복제를 금합니다.

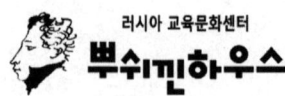